ŒUVRES COMPLÈTES
DE
EUGÈNE SCRIBE

DE L'ACADÉMIE FRANÇAISE

OPÉRAS

COMIQUES

LA CHAMBRE A COUCHER
LA MEUNIÈRE — LE PARADIS DE MAHOMET
LA PETITE LAMPE MERVEILLEUSE
LEICESTER — LE VALET DE CHAMBRE

PARIS
E. DENTU, LIBRAIRE-ÉDITEUR
PALAIS-ROYAL, 17-19, GALERIE D'ORLÉANS

1877

Paris-Imp. PAUL DUPONT, 41 rue Jean-Jacques-Rousseau.

ŒUVRES COMPLÈTES

DE

EUGÈNE SCRIBE

DE L'ACADÉMIE FRANÇAISE

RÉSERVE DE TOUS DROITS

DE PROPRIÉTÉ LITTÉRAIRE

En France et à l'Étranger.

LA
CHAMBRE A COUCHER
ou
UNE DEMI-HEURE DE RICHELIEU

OPÉRA-COMIQUE EN UN ACTE

MUSIQUE DE GUÉNÉE.

Théatre de l'Opéra-Comique. — 29 Avril 1813.

PERSONNAGES. ACTEURS.

LE DUC DE RICHELIEU . . . . MM. HUET.
LE MARÉCHAL DE LA FERTÉ . . . . . . CHENARD.
DUBOIS. DARANCOURT.

Mme DE GUISE, nièce du maréchal. . . . . . Mlle REGNAULT.

A Paris.

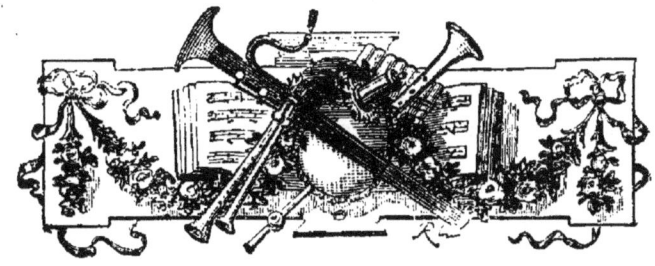

LA
CHAMBRE A COUCHER
OU
UNE DEMI-HEURE DE RICHELIEU

Une chambre à coucher fort élégante. — Un lit à alcôve dans le fond; deux croisées avec des rideaux; une porte à gauche; deux portes à droite. Sur la cheminée, une pendule qui marque dix heures et demie; une toilette, une guitare.

SCÈNE PREMIÈRE.

RICHELIEU, puis DUBOIS.

RICHELIEU, entrant par la porte à gauche.

Je ne puis rester dans le salon; on y boit du punch, et l'on fait un tapage!... Impossible de joindre le maréchal, de lui parler un instant. En vérité, c'est un homme odieux, un homme que j'aime, que je révère, mais pas le sens commun. M'inviter à dîner quand sa nièce n'y est pas! Heureusement, il m'a dit de l'attendre ici, il va venir, et j'espère avoir un entretien avec lui. Je suis enchanté qu'il n'ait pas eu l'idée de me faire passer dans son cabinet; je préfère cet appartement : c'est celui de madame de Guise.

DUBOIS.

Monseigneur...

RICHELIEU.

Qu'est-ce? Que me veux-tu, Dubois?

DUBOIS.

Monseigneur avait demandé ses chevaux pour onze heures.

RICHELIEU.

Non, j'ai changé d'idée. Tiens-toi dans l'antichambre, j'appellerai. (A Dubois qui sort par la porte à gauche.) Eh bien! où vas-tu? Ce n'est pas là l'antichambre?

DUBOIS.

Non, monseigneur. C'est le petit salon de compagnie où se tiennent les femmes de madame de Guise; et j'aimerais mieux attendre les ordres de monseigneur auprès de mademoiselle Lisette que dans l'antichambre.

RICHELIEU.

Ah! tu as un faible pour mademoiselle Lisette, qui de son côté sans doute distingue M. Dubois?

DUBOIS.

Monseigneur, mademoiselle Lisette est une fille de goût.

RICHELIEU.

J'en vois la preuve. Va, Dubois, cultive l'amitié de Lisette, je ne m'y oppose pas. (A part.) Je puis en avoir besoin. (Haut.) Mais laisse-moi.

(Dubois sort.)

SCÈNE II.

RICHELIEU, seul. Il réfléchit quelque temps.

Le maréchal ne vient pas. Je suis d'une impatience... Depuis huit jours, je suis de retour à Paris, et me voilà déjà amoureux! Et de qui encore? d'une femme qui me dédaigne : la première peut-être en ma vie. C'est décidé, il n'y a que ce Paris pour les aventures extraordinaires. Madame de Guise me dédaigne, lorsque tant d'autres... Eh bien! après tout, elle a raison ; et, si j'étais femme, je serais de son avis. J'ai une réputation détestable, et ma réputation vaut encore mieux que moi ; dans le monde, on me trouve charmant ; mais au fond, je suis léger, étourdi, présomptueux... De tout temps cependant j'ai fait le projet d'être raisonnable ; j'y ai quelquefois réussi ; mais le moyen que cela dure avec l'amour et les femmes!

Pour être heureux, il n'est que la tendresse ;
Pour être sage, il faut la fuir,
Belles, dites-moi donc lequel je dois choisir,
Du plaisir ou de la sagesse ?

RONDEAU.

Si je vois
Un joli minois,
Mon cœur palpite ;
Si j'entends une douce voix,
Il bat plus vite :
Tous mes sens brûlent à la fois
D'ardeur subite,
Et la raison fuit sans retour
Devant l'amour.

Pour nous le printemps vient d'éclore,
Je ne sais qui me dit soudain
De nos jours égayons l'aurore

La sagesse est pour le déclin,
Et d'être sage il n'est pas temps encore

Et d'ailleurs,

Si je vois
Un joli minois,
Mon cœur palpite, etc.

Tant qu'auprès de femme jolie
On sent son cœur battre et frémir,
Tant qu'on sourit au doux plaisir,
La sagesse est une folie.

Si je vois
Un joli minois,
Mon cœur palpite, etc.

SCÈNE III.

RICHELIEU, LE MARÉCHAL.

LE MARÉCHAL.

Eh bien! mon ami, j'ai renvoyé tout le monde, et je suis à toi. Mais je crains qu'on ne nous dérange ; ma nièce peut revenir.

RICHELIEU.

Tant mieux, sa présence ne nous sera pas inutile.

LE MARÉCHAL.

Voyons donc quelle est cette importante affaire pour laquelle il fallait à l'instant t'accorder un entretien.

RICHELIEU.

Mon ami, je vais bien vous surprendre. Je suis amoureux.

LE MARÉCHAL.

Cela ne me surprend pas du tout.

RICHELIEU.

Très-amoureux. J'en perds la raison ; il faut absolument me guérir, et pour cela je me marie.

LE MARÉCHAL.

C'est toi qui songes à te marier, mon ami! Si j'étais Richelieu, je ne me marierais pas.

RICHELIEU.

Bah! vous autres sages, vous réfléchissez trop; et à moins de se marier sans réflexion, on risque de ne jamais épouser. Ma future est charmante, c'est une veuve; elle est sage, vertueuse; vous la connaissez beaucoup, et elle vous aime.

LE MARÉCHAL.

Elle m'aime, dis-tu?

RICHELIEU.

Autant qu'une nièce peut aimer un oncle.

LE MARÉCHAL, étonné.

Comment! c'est Julie! et tu me fais ton confident?... Je te remercie; je ne croyais pas que ton usage fût de demander le consentement des parents.

RICHELIEU.

Pouvais-je mieux choisir?

LE MARÉCHAL.

Non, et j'en suis enchanté. Cependant ton choix m'étonne. Julie est un peu prude, et tes aventures ont tant fait de bruit dans le monde... Enfin, puisque tout est arrangé entre vous...

RICHELIEU.

Ah! sans doute, tout est arrangé; il n'y a qu'une difficulté.

LE MARÉCHAL.

Laquelle?

RICHELIEU.

Si je vous le dis, vous ne me croirez pas.

LE MARÉCHAL.

Dis toujours.

RICHELIEU.

Non, vous dis-je, vous ne voudrez pas me croire; mais madame de Guise n'a pas pour moi... Tenez, tranchons le mot : je suis à peu près certain qu'elle ne m'aime pas du tout. Vous m'avouerez que c'est jouer de malheur! Il n'y a peut-être dans Paris qu'une femme qui n'aime pas les mauvais sujets, et c'est celle-là dont je tombe amoureux, et vraiment amoureux; car je ris, je plaisante, mais je suis désespéré; et pour un rien je me ferais sauter la cervelle.

LE MARÉCHAL.

Oh! je crois que tu peux trouver quelque moyen moins sentimental. Dans tous les cas, compte sur moi.

RICHELIEU.

Quelle reconnaissance !

LE MARÉCHAL.

Ce mariage réunit ce que j'ai de plus cher. N'es-tu pas mon ami, mon fils? et ne te souvient-il plus de Fontenoy? Je crois te voir encore m'arracher du milieu de la colonne anglaise; et, morbleu! il y faisait chaud. Mon ami, si je te dus la vie, la France te dut le gain de la bataille, et ce sera la plus belle page de ton histoire.

AIR.

Ces fiers guerriers de l'Angleterre,
Devant nous je les ai vus fuir;
Et leur sang a rougi la terre
Qu'ils voulaient asservir.
Déjà leur phalange altière
S'avance en bataillons épais;
Déjà la trompette guerrière
Proclame leur prochain succès,
Lorsqu'un héros ramène l'espérance
Parmi nos escadrons épars,
Et la victoire qui balance
D'Albion fuit les étendards.
Honneur à ce guerrier favori de Bellone!

Dans nos rangs il est ◦,
Sur le centre de la colonne,
A sa voix l'airain tonne,
Et l'Anglais est vaincu!

Pardon, mais quand j'en parle, je crois encore y être. La vieillesse vit de souvenirs.

RICHELIEU.

Et la jeunesse d'espérances. Mais, moi, je n'en ai guère; car, s'il faut vous le dire, hier au soir nous nous sommes presque brouillés; j'étais fort piqué.

LE MARÉCHAL.

Je vous raccommode... Que lui as-tu dit?

RICHELIEU.

Je lui ai fait entendre qu'elle était très-coquette.

LE MARÉCHAL.

Je vous réconcilie.

RICHELIEU.

Qu'elle n'était pas belle.

LE MARÉCHAL.

Je ne m'en mêle plus. Fais comme tu l'entendras, car la voici.

SCÈNE IV.

Les mêmes; M*me* DE GUISE.

M*me* DE GUISE.

Vous ici, messieurs! C'est une surprise fort agréable : je ne m'attendais pas à trouver société chez moi.

LE MARÉCHAL.

Bah! tu vas être bien plus étonnée! Richelieu et moi nous parlons raison depuis une heure; il est vrai que nous parlions de toi.

DE GUISE.

Quoi ! c	 ⸺ı que ces messieurs daignaient s'oc-cuper ?

RICHELIEU, galamment, mais avec fatuité.

Fais-je jamais autre chose? Je me plaignais d'avoir été privé de votre présence; c'est une si sotte invention que celle des diners en ville!... Que vous êtes bien comme cela! Sérieusement, vous êtes belle avec excès!

Mme DE GUISE, gaîment.

Je suis donc bien changée depuis hier?

RICHELIEU.

Comment nommez-vous cette étoffe? elle est d'un goût exquis. Et votre santé?... Étourdi! j'oubliais de m'en informer.

Mme DE GUISE.

A laquelle des deux questions voulez-vous que je réponde d'abord? A celle de ma robe ou de ma santé?

RICHELIEU.

Comme il vous plaira. Vous avez dîné chez la duchesse; qu'y faisait-on? quel monde y avait-il?

Mme DE GUISE.

Attendez... Ce qu'on y faisait? ce qu'on fait partout. On a beaucoup parlé et presque rien dit. Pour la société, la meilleure de Paris, car c'était la plus riche. Beaucoup de ces gros financiers qui, assis auprès d'une femme, ne font qu'ouvrir et refermer méthodiquement leur tabatière d'or; beaucoup de jeunes gens du meilleur ton, bien légers, bien brillants, qui vous parlent sans vous regarder, vous lorgnent sans vous voir, et vous adressent vingt questions sans attendre la réponse; ajoutez à cela quelques provinciaux bien simples, bien unis, et qui ont paru ridicules, parce qu'ils n'étaient qu'honnêtes et respectueux.

RICHELIEU.

Oui, on respecte beaucoup en province. Mais voilà une

charmante réunion ; elle a dû beaucoup vous divertir. Vous avez appuyé surtout avec une grâce inexprimable sur certains portraits. Sans doute, vous seule étiez l'objet des hommages de ces jeunes gens du meilleur ton?

Mme DE GUISE, avec amabilité.

Non, on s'est beaucoup moins occupé de moi que de vous, monsieur.

RICHELIEU.

De moi?

Mme DE GUISE.

La préférence vous était due. Depuis que M. de Richelieu est de retour à Paris, il est le sujet de toutes les conversations, l'objet de la curiosité générale; on cite déjà de lui mille nouvelles aventures.

LE MARÉCHAL.

Et que dit-on entre autres?

Mme DE GUISE.

Mon oncle, vous n'attendez pas, j'espère, que je vous en fasse le récit. Monsieur pourra vous mettre au fait bien mieux que moi.

LE MARÉCHAL.

Ne le dit-on pas amoureux?

Mme DE GUISE.

Amoureux! Monsieur ne l'est-il pas toujours? Il aimerait tout le genre humain.

RICHELIEU.

Nomme-t-on l'objet de son amour?

Mme DE GUISE.

Je n'ai entendu désigner personne.

LE MARÉCHAL.

Bon! de la discrétion! c'est qu'il aime réellement.

Mme DE GUISE.

Dites plutôt qu'il ne sait pas au juste la femme qu'il

aime, très-heureusement pour elle ; car elle serait déjà la fable de toute la ville ; en vain serait-elle sans reproche : quand ces messieurs sont heureux, ils le disent ; quand ils ne le sont pas, ils mentent ; cela revient au même.

RICHELIEU.

Est-ce à moi que ce discours s'adresse ?

Mme DE GUISE.

Eh ! non ! Tout ce qu'on dit de vous est vrai, et c'est encore pire ; car vous avez pris sur notre sexe un ascendant que je n'ai jamais pu expliquer, et dont je rougis pour lui. Qu'on se rende aux vœux d'un amant soumis et respectueux, je le conçois ; il est si doux d'être adorée ! la reconnaissance est si naturelle !... Mais vous ! on voudrait vous aimer qu'on ne le pourrait pas ; et il faut vous haïr malgré qu'on en ait. A Dieu ne plaise que je blâme le goût de nos femmes à la mode ! mais pour moi, si jamais je donne mon cœur, voici à quelles conditions :

AIR.

Il est maints courtisans
Bien fats, bien suffisants,
Qui devant une glace
Se mirent avec grâce ;
Qui, riant aux éclats
A chaque impertinence,
Roucoulent une romance,
Et s'admirent tout bas.
Pour ceux-là, je n'en veux pas,
Non, non, je n'en veux pas !

Pour cet autre, au plaisir fidèle,
Qui, d'objet changeant tous les jours,
Va promenant de belle en belle
Ses banales amours :
En vain l'on vante à la ronde
Ses grâces et son maintien,
L'amant de tout le monde
Ne sera pas le mien.

Mais s'il vient à paraître
Un amant sensible et galant,
Discret et toujours constant,
Si pourtant un homme peut l'être ;
Triste quand il me plaît,
Joyeux quand je l'ordonne,
Jeune, et, quoique bien fait,
Point amoureux de sa personne !
Pour celui-là, je le sens bien,
Je ne voudrais jurer de rien.

Mais pour les courtisans, etc.

RICHELIEU, bas au maréchal.

Vous voyez bien que je suis son fait. Voilà le moment de me déclarer.

LE MARÉCHAL, bas à Richelieu.

Tu crois ?

RICHELIEU, de même.

J'en suis sûr. Un instant de conversation...

LE MARÉCHAL.

Ma chère Julie, j'ai un mot à écrire ce soir ; puis-je passer dans ton boudoir ?

Mme DE GUISE.

Vous trouverez ce qu'il vous faut sur mon secrétaire.

(La demie sonne à la pendule.)

RICHELIEU.

Onze heures et demie ! Souffrez, madame, que je prenne congé de vous. (Bas au maréchal.) Retenez-moi.

LE MARÉCHAL, bas.

J'entends. (Haut.) Non, attends-moi un instant ; c'est un mot dont je voudrais te charger pour le ministre. Toi, Julie, tu ne crains pas le tête-à-tête ; tu ne fais pas à Richelieu l'honneur de le redouter, et d'ailleurs il est engagé... Il est amoureux. Je reviens dans la minute.

RICHELIEU.

Non, ne vous pressez pas.
(Le maréchal entre dans l'appartement à gauche.)

SCÈNE V.

Mme DE GUISE, RICHELIEU.

RICHELIEU.

Quoi! vous avez daigné oublier notre querelle d'hier au soir?

Mme DE GUISE.

Cela vous étonne! Vous me supposez donc un bien mauvais caractère?

RICHELIEU.

Mais je sais que vous faites si peu de cas de tous les hommes...

Mme DE GUISE.

Tous, c'est beaucoup; j'en excepte quelques-uns.

RICHELIEU.

Oui, exceptez-en les amants fidèles.

Mme DE GUISE.

Il en est si peu!

RICHELIEU.

Raison de plus pour ne pas les rebuter. Selon moi, on devrait leur élever des statues, ne fût-ce que pour encourager le public; et d'avance j'en réclame une.

Mme DE GUISE.

Vous, fidèle!

RICHELIEU.

Il suffit de vous voir pour le devenir.

Mme DE GUISE.

Je ne me crois pas capable d'opérer de tels miracles.

RICHELIEU.

C'est que vous seule ignorez le pouvoir de vos charmes ; et vous ne voulez pas me croire lorsque je vous jure que vous êtes la plus aimable et la plus jolie femme de Paris.

Mme DE GUISE.

Et supposé que je voulusse le croire...

RICHELIEU.

Ah! si vous en étiez bien persuadée, vous me sauriez quelque gré de vous l'avoir fait observer. Mille autres, je le sais, ont déjà dû vous le dire; mais personne ne l'a senti comme moi, personne ne vous aima jamais autant que je vous aime.

Mme DE GUISE, souriant.

Comment! à moi une déclaration! Peut-être est-ce sans le vouloir : vous avez tellement contracté l'habitude d'en faire!

RICHELIEU.

Je le vois, vous doutez de mon amour; mais exigez des preuves, des sacrifices...

Mme DE GUISE.

Quoi! c'est sérieusement! Eh bien! puisque votre tendresse est si vive, je demande le temps de l'éprouver.

RICHELIEU.

Quel temps demandez-vous?

Mme DE GUISE.

Oh! seulement quatre années.

RICHELIEU.

Madame, en quoi ai-je mérité une raillerie aussi cruelle? Quatre années!

Mme DE GUISE.

Qui songe ici à railler? Si votre ardeur est sincère, pourquoi ne durerait-elle pas ce temps-là?

RICHELIEU.

Vous aimer en vain quatre années ! croyez-vous qu'on le puisse sans mourir ?

Mme DE GUISE.

Dès que je vous verrai en danger de mort, je promets d'adoucir ma sévérité, et même d'abréger le temps de l'épreuve.

RICHELIEU.

En danger de mort ! oh ! s'il ne s'agit que d'exposer sa vie, parlez !... Quels ennemis faut-il combattre ?

Mme DE GUISE.

Doucement ! nous ne sommes plus au temps des paladins, et l'on ne brise plus de lances en l'honneur des dames. J'entends par danger de mort une bonne consomption, fruit d'une trop longue attente.

RICHELIEU.

Madame, on ne parle pas de ces choses-là en badinant.

Mme DE GUISE.

Aussi parlé-je fort sérieusement ; et pour vous prouver que je suis compatissante, je vous laisse la liberté de commencer dès aujourd'hui votre noviciat.

RICHELIEU, avec dépit.

Vous ne persisterez point dans cette ridicule résolution.

Mme DE GUISE, piquée.

Ridicule !

RICHELIEU, vivement.

Oui, madame, ridicule et injuste.

Mme DE GUISE.

A présent, monsieur, terminons la conversation. Je ne souffre pas patiemment qu'on m'importune.

RICHELIEU.

Savez-vous, madame, que le vainqueur s'est quelquefois

repenti d'avoir fait au vaincu des conditions trop rigoureuses?

Mme DE GUISE.

Cela peut être.

RICHELIEU.

Savez-vous que, d'esclave opprimé, je suis plus d'une fois devenu le maître à mon tour?

Mme DE GUISE.

Qui en doute? Mais soyez sûr que cette révolution n'aura jamais lieu entre M. de Richelieu et moi.

RICHELIEU.

Vous le croyez, madame? Eh bien! d'honneur, vous vous trompez : voulez-vous faire avec moi le pari que je parviens à vous réduire, et cela bientôt? Tenez-vous la gageure?

Mme DE GUISE.

Est-ce une plaisanterie? ou votre intention est-elle de me fâcher?

RICHELIEU.

Non, madame, ce n'est point une plaisanterie; et vous perdrez, je vous en avertis. D'autres vous demanderaient du temps, quatre années peut-être; moi, je ne veux qu'un instant, et demain vous m'épouserez. Qu'est-ce que je dis, épouser? le beau mérite! tous les jours on épouse sans amour; mais demain vous m'épouserez, vous m'aimerez; et si vous dites un mot, je vous condamne à m'adorer.

Mme DE GUISE, outrée.

Vous ne vous doutez point du bon office que vous me rendez, et je dois vous en remercier! Je ne vous aimais pas! (Vivement.) Non, certainement, je ne vous aimais pas encore mais peut-être aurais-je eu la faiblesse de vous aimer. Je rougissais déjà de ce que cela ne me semblait plus impossible. Mais, grâce à vous, je viens d'ouvrir les yeux, et vous n'êtes plus pour moi que le plus indifférent des hommes.

RICHELIEU, gaiement.

Indifférent! ah! d'honneur, vous ne le pensez pas... ni moi non plus.

Mme DE GUISE.

Ah! c'en est trop!... Je vous prie, monsieur, de ne plus vous présenter chez moi. Et comme, dans ce moment, je ne puis vous empêcher d'attendre ici mon oncle, vous trouverez bon que j'abandonne la place jusqu'à ce que vous l'ayez quittée.

(Madame de Guise sort par la porte à gauche.)

SCÈNE VI.

RICHELIEU, DUBOIS.

RICHELIEU, se promenant avec agitation.

Ah! vous me défiez! Vous allez connaître Richelieu... Allons, redevenons moi. Un moyen... prompt... victorieux... (Frappant du pied.) Non, ce n'est pas cela; trop simple. Eh! pourquoi? en pareille occasion, le plus simple est toujours le meilleur : on ne s'en défie pas; d'ailleurs, mon étoile n'est-elle pas là? (Il prend des tablettes et écrit.) Dubois!

DUBOIS, sortant de la porte à droite, à moitié endormi, en apportant une redingote.

Monseigneur demande-t-il sa voiture?

RICHELIEU, écrivant.

Ce trait-là manquait à ma gloire.

DUBOIS.

Lisette n'y est plus, et je m'endormais.

RICHELIEU, écrivant.

En garde, Dubois! l'ennemi est là; de l'honneur à acquérir...

DUBOIS.

Vous m'éveillez.

RICHELIEU.

De l'argent à gagner.

DUBOIS, jetant la redingote sur une chaise.

Vive Dieu ! je ne dors plus.

RICHELIEU.

Ce billet pour toi.

DUBOIS.

Bien !

RICHELIEU.

Cette bourse aussi.

DUBOIS.

Mieux, cela.

RICHELIEU.

Tu liras le billet.

DUBOIS.

C'est dit.

RICHELIEU.

Tu garderas la bourse.

DUBOIS.

C'est fait.

RICHELIEU.

Pars, ma lettre explique tout; songes-y, le plus profond silence, pas un mot à Lisette, rien qui puisse compromettre madame de Guise auprès de ses gens. Il y va de ta tête; quand mes ordres seront exécutés, reviens là, sous cette fenêtre. Un signal quelconque... Tu frapperas. (Voyant qu'il veut emporter la redingote.) Non, laisse ; elle me sera nécessaire.

(Dubois sort.)

SCÈNE VII.

LE MARÉCHAL, RICHELIEU.

LE MARÉCHAL.

J'ai vu rentrer Julie; elle était bien émue. Je n'ai pas osé l'interroger.

RICHELIEU, en confidence.

Elle vient de me faire une déclaration.

LE MARÉCHAL.

Comment ! une déclaration d'amour?

RICHELIEU.

Non, de guerre. Elle me hait, me déteste, et me défend de reparaître devant ses yeux.

LE MARÉCHAL, étonné.

Ah ! tu as obtenu tout cela?

RICHELIEU.

Ce n'est pas tout; elle est dans une colère épouvantable.

LE MARÉCHAL.

Tant pis !

RICHELIEU.

Tant mieux ! Je crains moins la haine d'une femme que son indifférence.

LE MARÉCHAL.

Mais qu'as-tu fait pour irriter ainsi Julie contre toi?

RICHELIEU, froidement.

Presque rien. C'est une gageure que je lui proposais. J'ai parié avec elle que demain elle m'aimerait, m'adorerait et m'épouserait.

LE MARÉCHAL.

Elle en a ri.

RICHELIEU.

Elle s'est fâchée, parce qu'elle a bien vu que je gagnerais, et que c'était peu délicat à moi de parier à coup sûr; je me suis fâché aussi, et nous nous sommes séparés.

LE MARÉCHAL.

Et la gageure tient-elle?

RICHELIEU.

Plus que jamais. Et je vous en avertis pour que vous ayez soin de tout préparer pour demain. Mon cher oncle, tous ces apprêts de noces, les billets de part, les publications, que sais-je? tout cela vous regarde : je vous connais; et grâce à vos soins, vous aurez tous les embarras du mariage : nous n'en aurons que les plaisirs.

LE MARÉCHAL.

Mais, mon cher ami, tu es fou.

RICHELIEU, vivement.

Oui, je suis fou de joie, de bonheur. Ce soir l'aveu, demain le contrat; vous y signez, vous nous donnez la moitié de votre fortune...

LE MARÉCHAL.

Comment! comment!

RICHELIEU, toujours très-vivement.

Eh! sans doute, vous avez cinquante ans; supposez que vous alliez jusqu'à cent, vous voilà à la moitié de votre carrière; vous n'avez plus besoin que de la moitié de votre bien.

LE MARÉCHAL.

Mais, permets...

RICHELIEU.

Quoi! je vous donne jusqu'à cent, et vous n'êtes pas content! Ah çà! vous danserez à la noce?

LE MARÉCHAL.

Mais, écoute-moi donc!

RICHELIEU.

Êtes-vous fâché de danser?

LE MARÉCHAL.

Au contraire, mon ami; mais avant d'être de la noce, veux-tu me permettre d'être de la gageure? Mille louis que tu ne réussis pas!

RICHELIEU.

Je les tiens. Mais c'est peu que la victoire soit décisive, il faut qu'elle soit prompte, et je ne vous demande qu'une demi-heure.

LE MARÉCHAL.

Qu'une demi-heure! et par quel moyen?

RICHELIEU.

Il est peut-être un peu extraordinaire, mais soyez sûr qu'il est conforme à l'honneur; sinon, Richelieu ne l'emploierait pas.

LE MARÉCHAL.

Je demeure stupéfait. Ah çà! répète-moi donc un peu... Comment! aujourd'hui même, malgré sa colère!...

RICHELIEU.

Elle m'aimera; et dans une demi-heure vous en aurez la preuve.

LE MARÉCHAL.

Eh! quelle preuve encore?

RICHELIEU.

Parbleu! toutes celles que vous voudrez. Voulez-vous qu'ici même elle m'accorde un baiser?

LE MARÉCHAL.

Un baiser!

RICHELIEU.

Eh! pourquoi pas? à un époux... Et puis, vous serez là.

LE MARÉCHAL.

Comment! je serai là?

RICHELIEU.

Sans cela, pouvez-vous croire que je me permettrais... Il faut que tout se passe sous vos yeux; est-ce qu'un mariage peut se faire sans témoin?

(La pendule sonne minuit.)

DUO.

RICHELIEU.

Regardez bien, voilà minuit.
(Il lui montre la pendule.)
Lorsque sonnera la demie,
Dans ce lieu rendez-vous sans bruit.

LE MARÉCHAL.

Allons, c'est une raillerie!

RICHELIEU, froidement.

Vous le verrez.

LE MARÉCHAL.

Je le verrai?

RICHELIEU, gaiement.

Vous le verrez, je gagnerai.

Tout cède à mon empire;
Comme César je pourrai dire :
Je suis venu,
J'ai vu, j'ai vaincu.

LE MARÉCHAL.

Mais son sang-froid finit par me confondre;
Ici... dans cet appartement!...

RICHELIEU.

Vous vous rendrez secrètement.

LE MARÉCHAL.

Ma foi, je ne sais que répondre.
Monsieur le conquérant,
Recevez mon compliment.

RICHELIEU.

Tout cède à mon empire, etc.

LE MARÉCHAL.

Puis-je confier à ma nièce
Qu'à son parti je m'intéresse ?

RICHELIEU.

Eh non ! que tout reste entre nous;
Cachons-lui notre intelligence.
Une pareille confidence
Accroîtrait encor son courroux.

LE MARÉCHAL.

Mais puis-je au moins passer chez elle,
Et lui souhaiter le bonsoir?

RICHELIEU.

Mais surtout, à nos lois fidèle,
Ne lui laissez rien entrevoir;
Et quand vous aurez dit bonsoir,
Vous gagnerez votre demeure.

LE MARÉCHAL.

Je regagnerai ma demeure...

RICHELIEU.

Et puis, dans une demi-heure...

LE MARÉCHAL.

Et puis, dans une demi-heure...

RICHELIEU.

Ici, dans cet appartement...

LE MARÉCHAL.

Ici, dans cet appartement...

RICHELIEU.

Vous vous rendrez secrètement.

LE MARÉCHAL.

Je me rendrai secrètement.

Ensemble.

LE MARÉCHAL.

Monsieur le conquérant,
Recevez-en mon compliment.

RICHELIEU.

Je reçois votre compliment.

(Le maréchal entre chez madame de Guise.)

SCÈNE VIII.

RICHELIEU, puis DUBOIS.

RICHELIEU, seul.

Eh! vite! Pourvu que Dubois soit à son poste... Il est adroit, intelligent. Ma lettre lui a tout expliqué. Il a dû se pourvoir d'une échelle. (On frappe en dehors.) Bon, j'entends le signal! (Dubois entre.) Bien, Dubois, je suis content de toi. Allons, à ta toilette; prends ma redingote, mets mon chapeau, mon épée : notre taille est la même; on s'y trompera.

DUBOIS.

Mais, monseigneur, que veut dire...

RICHELIEU.

Écoute à présent : on t'a déjà vu sortir, on te croit dehors; tous les domestiques dorment ou jouent aux cartes.

DUBOIS.

Oui, monseigneur.

RICHELIEU.

Le visage caché par ton mouchoir, tu traverses le salon de compagnie, l'appartement du maréchal...

DUBOIS.

Oui, monseigneur.

RICHELIEU.

L'escalier, le vestibule; tu demandes le cordon.

DUBOIS.

Oui, monseigneur.

RICHELIEU.

Si on te découvre, ce sont des coups de bâton qui te reviennent.

DUBOIS.

Oui, monseigneur.

RICHELIEU.

Mais on ne te découvrira pas.

DUBOIS.

Oui, monseigneur.

RICHELIEU.

Tu fermes la porte cochère fort, très-fort, et tu montes dans ma voiture. Lafleur est prévenu, n'est-ce pas? (Le rappelant.) Beaucoup de bruit dans la rue, mes chevaux au grand galop. (De même.) Ah! demain, de bon matin, cours chez ma marchande de modes, commande la corbeille de noce la plus élégante. Va! (Dubois sort, et Richelieu le suit des yeux.) Eh! non, pas ainsi, trop pesamment; une tournure plus leste, un air plus fat, un air de qualité : tu représentes Richelieu... mieux, beaucoup de mieux !

SCÈNE IX.

RICHELIEU, seul.

Il est un peu hardi, mon projet, un peu fou. Qu'importe ! l'amour ne doit-il pas excuser les extravagances qu'il fait commettre?

RONDEAU.

Dieu de Cythère,
Si tant de fois
J'ai, sous tes lois,
Su vaincre et plaire ;

Si ton secours
A de mes jours
Orné le cours ;
A ma prière,
Viens, dieu puissant !
Dis-moi comment
Une cruelle
Peut s'enflammer
Et vous aimer
En dépit d'elle.
Beauté rebelle
Rit de nos coups ;
Que ton courroux
Me venge d'elle ;
En ma faveur
Touche le cœur
De la cruelle.
Viens, tu le dois :
Sa résistance
Brave à la fois
Et ta puissance
Et mes exploits.

Dieu de Cythère,
Si tant de fois
J'ai, sous tes lois,
Su vaincre et plaire ;
Viens de nouveau,
Que ton flambeau
Luise et m'éclaire :
Entends ma voix,
Venge tes droits,
Dieu de Cythère.
Plus de bruit,
Tout ici
Respire le silence.
Douce espérance,
Tout me sourit.

Dieu de Cythère, etc.

Mais on vient; cachons-nous.

(Il entre par la première porte à droite, qui est censée celle d'un cabinet de toilette.)

SCÈNE X.

LE MARÉCHAL, Mme DE GUISE, RICHELIEU, caché dans le cabinet.

(Dans toute cette scène, madame de Guise doit avoir un ton de dépit bien marqué.)

Mme DE GUISE, parlant à la cantonade.

Lisette, vous direz à mes femmes que je n'ai pas besoin ce soir de leurs services; que tout le monde se retire, que le suisse ferme toutes les portes de l'hôtel, et qu'il monte les clefs chez mon oncle.

LE MARÉCHAL, étonné.

Comment! M. de Richelieu est sorti?

Mme DE GUISE.

Eh! sans doute. Voilà deux fois que vous me faites cette question. Il me semble qu'il est assez tard pour se retirer. Ne vouliez-vous pas qu'il passât toute la nuit ici?

LE MARÉCHAL, à part.

Ma foi, je m'y perds. (Haut.) Il est parti?

Mme DE GUISE.

Eh! oui. Lisette lui a vu traverser l'antichambre, descendre l'escalier; on a fermé la porte sur lui, et vous venez d'entendre partir sa voiture. Mais que vous importe, après tout?

LE MARÉCHAL.

Oh! rien. (Regardant la pendule.) Déjà dix minutes de passées!

Mme DE GUISE.

En effet, il est plus de minuit; vous ne vous couchez pas ordinairement si tard.

LE MARÉCHAL.

Je m'en vais... Dis-moi, tu détestes donc Richelieu?

Mme DE GUISE.

Je ne le reverrai ni ne lui parlerai de ma vie.

LE MARÉCHAL.

Tu feras bien. Mais es-tu bien sûre qu'il n'obtiendra jamais rien de toi?

Mme DE GUISE.

Il n'obtiendra jamais que le plus froid dédain; (Avec dépit.) et je consens bien volontiers à l'épouser, si je lui accorde la moindre faveur, la moindre préférence.

LE MARÉCHAL.

Tant mieux, tant mieux; il est impossible qu'il gagne. Tu n'es donc pas femme à changer de résolution en une demi-heure?

Mme DE GUISE, avec dépit.

En une demi-heure! Mais en vérité, mon oncle, vous me faites d'étranges questions! Tout ce que j'entends est bien extraordinaire. Il semble qu'on prenne plaisir à me fâcher; et je ne vous ai jamais vu d'une pareille humeur.

LE MARÉCHAL.

Mais c'est que toi-même je ne t'ai jamais vue ainsi. Un rien t'irrite, tu parais agitée, émue.

Mme DE GUISE, avec agitation.

Émue, moi, je suis émue! Mais où voyez-vous cela? pourquoi le serais-je? qui aurait fait naître cette émotion? J'en suis fâchée pour votre discernement; mais jamais je n'ai été plus calme, plus tranquille.

LE MARÉCHAL.

Pardon, pardon; j'ai tort! (A part, regardant la pendule.) Le quart dans l'instant! Il faut qu'il ait renoncé... ou qu'il ait perdu la tête : jamais je n'eus autant de curiosité. Mais patience; dans un quart d'heure... (Haut.) Bonsoir, ma chère Julie, bonsoir.

(Il l'embrasse et sort.)

SCÈNE XI.

Mme DE GUISE, RICHELIEU, caché.

Mme DE GUISE.

Je ne sais ce qu'il a aujourd'hui. (Elle s'assied en face d'une toilette.) Il paraît fort occupé de M. de Richelieu.

RICHELIEU, entr'ouvrant la porte.

Maudite serrure! on ne peut rien voir. Qu'elle est bien dans ce négligé! c'est charmant d'assister à la toilette d'une jolie femme!

Mme DE GUISE.

C'est un impertinent, un bien mauvais sujet.

RICHELIEU.

Comme elle s'occupe de moi!

Mme DE GUISE.

C'est qu'aussi les femmes le gâtent.

RICHELIEU.

Mais... pas toutes.

Mme DE GUISE.

Voilà donc l'homme qu'un moment j'aurais été tentée d'aimer!... Je l'avoue, j'avais été séduite par ses brillantes qualités! Mais que de présomption! que de fatuité! que de défauts, dont il est impossible qu'il se corrige! (Avec douceur.) Impossible!... pourquoi donc? S'il m'aimait réellement, ne pourrais-je pas le ramener à la vertu? lui faire sentir que les plaisirs ne sont pas le bonheur? qu'une femme qui nous aime vaut mieux que cent qui nous trompent? Mais, après tout, que m'importe? Je pourrais le rendre parfait, que je m'en soucierais aussi peu! Allons, je n'y dois plus penser. (Réfléchissant.) Je serais cependant curieuse de savoir par quels moyens il croit... Bon! c'est une plaisanterie que, dans son dépit... Non; il parlait sérieusement; et on le dit si téméraire! (Revenant à elle.) Eh bien! voilà que j'y pense encore. Mon Dieu! est-ce qu'il suffirait d'être impertinent avec nous pour fixer notre attention? Est-ce qu'il espérerait gagner son insolent pari? (Souriant.) Pourquoi pas? Malgré moi, je puis bien l'aimer, puisque malgré moi j'y pense déjà. Allons, chassons ces folles idées. Jamais Richelieu ne troublera ma tranquillité... Je ne sais ce que j'ai ce soir; il me serait impossible de reposer. Voilà ma guitare; essayons ma nouvelle romance.

ROMANCE.

Premier couplet.

L'Amour s'enfuit; dame Cypris
Va le chercher en tous pays;
Gnide, Paphos, Mars, Adonis,
Elle vous quitte pour son fils.
   Ce petit traître
   A fui ma loi!
   Où peut-il être?
   Dites-le-moi.

Deuxième couplet.

Sage Minerve, dans ta cour
N'aurais-tu pas caché l'Amour?
Minerve dit : Sagesse, Amour
N'habitent pas même séjour;
   Viens-je à paraître,
   Il fuit d'effroi.
   Où peut-il être?
   Dites-le-moi.

Troisième couplet.

Lors chez l'Hymen se rend Cypris :

L'Amour est-il dans ce logis ?
Non, dit l'Hymen... moi seul j'y suis;
En vain, hélas! j'attends ton fils.
  Chez moi le traître
  Plus ne se voit :
  Où peut-il être?...
  RICHELIEU, paraissant.
Auprès de toi.

  Mme DE GUISE.

Ciel! que viens-je d'entendre!

Ensemble.

RICHELIEU.

Calmez votre courroux.
C'est l'amant le plus tendre
Qui tombe à vos genoux.

  Mme DE GUISE.

  Téméraire,
   Sortez!
  Redoutez
   Ma colère;
  Éloignez-vous,
  Évitez mon courroux,

Je vous le répète : sortez, monsieur, ou je vais appeler mes gens.

RICHELIEU.

Ils ne vous entendront pas; vous venez de les envoyer coucher.

  Mme DE GUISE.

J'appellerai mon oncle.

RICHELIEU.

Votre oncle? (A part.) Trompons-la. (Haut.) Je l'ai enfermé dans sa chambre. Mais pourquoi vous effrayer? Vous ne voyez ici qu'un amant timide et respectueux, auquel la crainte de mourir d'amour a fait hasarder une démarche désespérée. Aussi pourquoi me mépriser?... Ne sont-ce pas vos mépris qui m'ont fait recourir à ce moyen téméraire? Je vous le demande, en quoi les avais-je mérités?

Mme DE GUISE.

En quoi! monsieur? En quoi! Vous me le demandez, quand vous osez encore vous présenter devant moi!

RICHELIEU.

Vous m'aviez banni, je le sais; mais je perdrais trop, si je ne voyais plus cette figure céleste, à laquelle la colère donne de nouveaux charmes. (Gaiement.) Est-il bien vrai, madame, que vous me haïssez autant que vous me le dites?

Mme DE GUISE.

Plus que je ne puis l'exprimer. Et voilà pourquoi je vous prie de sortir à l'instant.

RICHELIEU.

Je vous aime trop pour cela. La porte est fermée; les clefs sont chez votre oncle; et j'irais réveiller vos gens! causer un esclandre! vous compromettre! Moi, compromettre une femme! J'en suis incapable.

Mme DE GUISE.

Me compromettre! Quand je raconterai hautement par quelle trahison...

RICHELIEU.

Et qui persuaderez-vous? Moi, seul avec vous, la nuit, dans votre appartement... Que ne dira-t-on pas? Le chapitre des conjectures est si étendu! cependant, si vous le voulez absolument, quoi qu'il en puisse arriver, je vais vous obéir.

Mme DE GUISE, le rappelant d'une voix faible.

Monsieur...

RICHELIEU.

Eh bien! est-ce décidé? Je reste.

Mme DE GUISE.

Non certainement! — Mais tenez, cette croisée n'est pas bien haute, on pourrait sans bruit...

RICHELIEU.

Ah! y pensez-vous? Du mystère! une croisée! c'est là le chemin de l'amant favorisé! L'amant dédaigné, méprisé, sort par la grande porte, et c'est le passage que je choisis. Adieu.

(Il va pour sortir.)

Mme DE GUISE, avec dépit.

Monsieur!

RICHELIEU.

Que me voulez-vous?

Mme DE GUISE.

Vous savez trop bien qu'il faut que je vous fasse rester. (Des larmes aux yeux.) Voilà donc en quoi consiste votre ascendant sur notre sexe! C'est donc là votre secret pour captiver le cœur des femmes! Il est merveilleux, et vous fait honneur! Convient-il à un homme délicat d'employer la violence, quand la vertu lui résiste?

RICHELIEU.

J'ai pu employer l'adresse, quelquefois même la surprise; mais avoir recours à la violence!... Eh! qui le pourrait? L'homme le plus audacieux n'est plus auprès de vous qu'un esclave timide. Ne m'avez-vous pas vu cent fois tremblant, interdit à vos côtés? Du moment que je vous ai vue, nommez-moi une autre femme que j'aie honorée d'un regard. Si je n'ai pas rampé aussi servilement que beaucoup d'autres, pouvez-vous m'en faire un reproche? Devais-je avilir l'amant de Julie, et ce noble feu que la nature a mis dans mon cœur? Mais parlez; quel autre vous aima mieux que moi? Quel autre eut pour vous plus d'amour, plus de respect?

Mme DE GUISE.

Du respect!... En effet! croyez-vous que j'aie oublié l'insolent pari que vous avez osé me proposer?

RICHELIEU.

Oui, madame, je vous aimerai tant qu'enfin vous serez touchée de mon amour; voilà le sens de la gageure.

Mme DE GUISE.

Eh bien! s'il est vrai que Julie vous soit chère, que vous ambitionniez son estime, accordez-lui ce qu'elle vous demande avec prière.

RICHELIEU.

Que demandez-vous?

Mme DE GUISE.

Je vous l'ai déjà dit, que vous sortiez à l'instant.

RICHELIEU.

Qu'exigez-vous de moi? Puis-je renoncer à toutes mes espérances! sacrifier en un instant ce qui m'a tant coûté? Dois-je me livrer volontairement à votre colère et à votre froideur, peut-être à vos railleries?

Mme DE GUISE.

Non; je sais pardonner, oublier.

RICHELIEU, tendrement.

Moi, je jure de ne vous oublier jamais; mais puisque vous l'exigez, soit! Je veux vous prouver combien mon amour est sincère; je veux vous faire un sacrifice que je ne ferais à personne; mais ce sera, madame, à deux conditions.

Mme DE GUISE.

Qui sont?...

RICHELIEU.

Promettez-vous de les accomplir?

Mme DE GUISE.

Je croyais vous avoir prouvé que la feinte m'était inconnue.

RICHELIEU, vivement.

Ainsi vous promettez?

Mme DE GUISE.

Que demandez-vous?

RICHELIEU.

Je demande que vous me permettiez de vous revoir, que

vous me donniez l'espérance d'être mieux accueilli... le promettez-vous ?

Mme DE GUISE, doucement.

Et votre seconde condition ?

RICHELIEU.

Donnez avant tout votre consentement à la première. Voulez-vous que je la répète ?

Mme DE GUISE.

Il n'est pas nécessaire. Le brillant Richelieu connaît trop bien son empire sur notre sexe pour ne pas donner à mon silence une interprétation favorable.

RICHELIEU.

Julie ! adorable Julie !

(Il veut lui prendre la main.).

Mme DE GUISE, retirant sa main, mais sans colère.

Point de nouvelle offense ! Votre seconde condition ?

RICHELIEU.

Cette seconde condition est une bagatelle pour vous, mais un trésor de bonheur pour moi. Je demande un baiser pour gage de votre parole, un seul baiser.

Mme DE GUISE.

Non, je n'accorderai point volontairement ce que j'ai su refuser à la témérité.

RICHELIEU.

Et pourtant vous me permettez d'espérer !

Mme DE GUISE.

D'espérer, mais non pas d'obtenir.

RICHELIEU, tendrement.

Le baiser... ne fût-ce que le baiser de réconciliation !

Mme DE GUISE.

Ne mettez-vous pas, pour troisième condition, que je vous le porterai moi-même ?

RICHELIEU.

Non; le prendre est aussi un bonheur.

(Il l'embrasse, et tombe à genoux.)

SCÈNE XII.

Les mêmes; LE MARÉCHAL, sortant du cabinet, un bougeoir et une montre à la main.

LE MARÉCHAL.

La demi-heure à ma montre!

(La demi-heure sonne à la pendule, et Richelieu embrasse madame de Guise; le maréchal étonné reste dans le fond.)

RICHELIEU, à genoux.

Je ne quitte plus cette attitude. Que sais-je! Cette bonté que vous daignez me montrer, si c'était une dissimulation qui cachât votre haine! Vous m'avez si souvent répété que vous me haïssiez, que le dernier des mortels vous plairait plus que moi... je suis au désespoir, si un mot de votre bouche ne me rend pas la vie.

Mme DE GUISE, le contrefaisant.

Ne me rend pas la vie... Levez-vous, hypocrite!

RICHELIEU, tendrement.

Est-ce une amie qui me pardonne?

Mme DE GUISE, soupirant.

Si c'est une amie, je crains bien qu'elle ne soit trompée. Qui peut se fier à vous?

RICHELIEU.

Je ne vous ferai point de serment; je sais un garant plus sûr de ma constance, c'est vous-même. Oui, pour m'enchaîner à jamais, recevez mon cœur et ma main. Je n'étais qu'égaré. Soyez mon guide, mon amie, et j'abjure toutes mes folles erreurs. Aimer Julie, n'est-ce pas déjà aimer la vertu?

LE MARÉCHAL, riant.

Ah! ah! ah! Je consens à l'épouser, si jamais je lui accorde la moindre préférence.

Mme DE GUISE.

Ciel! mon oncle!

LE MARÉCHAL.

Fort bien, ma nièce; j'approuve ta prudence! tu dédaignes les amants, et tu leur donnes audience jusque dans ton appartement.

Mme DE GUISE.

De grâce, écoutez-moi. Sachez...

LE MARÉCHAL.

Je sais tout.

Mme DE GUISE.

Mais vous verrez...

LE MARÉCHAL.

Parbleu! j'ai tout vu; et je trouve que l'heure est très-bien choisie pour recevoir un amant.

Mme DE GUISE.

Mais monsieur n'est pas un amant; c'est un époux..

LE MARÉCHAL.

Un époux!

RICHELIEU.

O bonheur!

Mme DE GUISE.

Que voulez-vous? malgré moi, Richelieu a vu que je l'aimais. (Avec finesse.) Cette découverte-là serait trop dangereuse avec un amant. Et malheureusement il a trop obtenu pour ne pas tout obtenir.

LE MARÉCHAL.

A la bonne heure! Voilà parler... Soyez unis, mes enfants;

à demain le contrat. J'y signerai ; je danserai à la noce, et je paierai la corbeille de mariage.

RICHELIEU, *bas au maréchal.*

J'en étais sûr ; je l'avais commandée d'avance.

LE MARÉCHAL.

Incorrigible !

RICHELIEU.

O douce ivresse !
Heureux destin !
J'obtiens sa tendresse
Et sa main !

LE MARÉCHAL.

O douce ivresse !
Heureux destin !
Il obtient sa tendresse
Et sa main.

VAUDEVILLE.

LE MARÉCHAL.

Nous savons tous que, dans le mariage,
Pour rien on se brouille soudain ;
Pour rien on s'aigrit davantage ;
Puis on boude soir et matin.
Ne suivez point cette triste méthode ;
Si dans le jour on vient à se fâcher,
Qu'Amour le soir gaîment vous raccommode
Dans la chambre à coucher.

RICHELIEU.

Dans chaque hôtel, on dit que l'insolence
Est dans la loge du portier,
La paresse et la médisance
Dans l'antichambre et l'escalier ;
Dans le boudoir est la coquetterie ;
Dans le salon l'ennui vient nous chercher ;
Mais le bonheur sans bruit se réfugie
Dans la chambre à coucher.

Mme DE GUISE, au public.

Dans tous les temps on craignit le parterre ;
Heureux qui peuvent l'égayer !
Notre titre, un peu somnifère,
N'invite que trop à bâiller.
Pour nous ce soir que l'indulgence veille !
Que la critique, au lieu de se fâcher,
Soit parmi vous la seule qui sommeille
Dans la chambre à coucher !

LA MEUNIÈRE

OPÉRA-COMIQUE EN UN ACTE

En société avec M. Mélesville

MUSIQUE DE M. GARCIA.

THÉATRE DU GYMNASE. — 16 Mai 1821.

PERSONNAGES.	ACTEURS.
ALFRED DE CERNAY . . . . MM.	Gontier.
PIERRE, garçon meunier.	Pitrot.
WILLIAMS, domestique de M. de Cernay.	Frédéric.
JULIETTE DE PRÉVAL. . . . . Mmes	Esther-Dormeuil.
ADELINE DE PRÉVAL, sa cousine. . .	Virginie-Dejazet.
THÉRÈSE, meunière	Lalande.

VILLAGEOIS et VILLAGEOISES.

LA MEUNIÈRE

L'intérieur d'un moulin. — Une porte donnant sur le pont qui conduit de l'autre côté de la rivière. Au fond, deux larges croisées qui laissent entrevoir le paysage : près de l'une d'elles, on aperçoit la roue du moulin; à droite, une table, des chaises, etc.

SCÈNE PREMIÈRE.

PIERRE, seul, regardant par la fenêtre.

Ah! jarni... jarni, en v'là-t-il!... en v'là-t-il!... un... deux... trois! trois ânes, et montés par de belles dames... Comme elles galopent... Ah! mon Dieu! en voilà une qui est par terre!... non, ce n'est rien... Par ici, mesdames, par ici! prenez garde au petit ruisseau... Eh! mais... ce sont les dames du château de Préval... mademoiselle Juliette et mademoiselle Adeline... et la troisième... c'est une femme de chambre.

SCÈNE II.

PIERRE, ADELINE, JULIETTE; Juliette, en négligé très-élégant; Adeline, en amazone.

ADELINE, à la cantonade.

Louison, veille sur notre cavalerie.

PIERRE, les regardant avec respect.

Dieu! quel honneur pour le moulin!... des dames de Paris; des chapeaux à plumes!

JULIETTE.

En vérité, ma cousine, on a eu raison de nous vanter le Moulin-Joli... Cette prairie... cette rivière... c'est délicieux.

ADELINE.

Et nous ne voyons pas ce qu'il y a de mieux ; car on prétend que la meunière... que cette petite Thérèse... Est-ce qu'elle n'est point ici?

PIERRE.

Non, mamzelle... elle est sans doute dans les environs. (Allant à une corde qui est près de la croisée.) Mais c'est moi qui suis Pierre, le garçon meunier ; si vous voulez que je sonne la cloche du moulin pour l'avertir...

ADELINE.

Oui, pour faire venir tout le village !... nous attendrons.

PIERRE.

Tout d' même... v'là joliment des visites qui nous arrivent... Tout à l'heure encore... un beau jeune homme, qui est venu dans une belle voiture, et qui, pendant une heure, m'a fait des questions sur madame Thérèse.

JULIETTE.

Ah! ah! cela ne m'étonne pas... et ce beau jeune homme est reparti?

PIERRE.

Oh! il reviendra, car il veut parler à la meunière.

ADELINE.

Et, dis-moi, mon garçon, autant que vous autres pouvez vous y connaître, est-ce réellement une beauté?

PIERRE, d'un air dédaigneux.

Une beauté !... Ah! ben oui... c'est ben pis qu'ça... des manières si gracieuses... un air de gaieté... qui vous engage... et puis d'autres fois... un air mélancolique... qui vous empêche de parler... Dieux! la meunière!

JULIETTE.

Il paraît que M. Pierre est de ses admirateurs.

PIERRE.

Tiens! qui est-ce qui n'en serait pas?

COUPLETS.

Premier couplet.

La rose nouvelle
A moins de fraîcheur :
Douce, aimable et belle,
Toujours d' bonne humeur;
D' ceux qu'ell' désespère
N'ayant nul souci,
Sa vertu sévère
N'a jamais dit oui.
Voilà la meunière
Du Moulin-Joli.

Deuxième couplet.

Mais elle est tigresse
Qu' c'est une pitié;
Not' plus bell' jeunesse
En sèche sur pié ;
Jusqu'à monsieur l' maire
Dont ell' s' moque aussi;
Car ell' veut bien plaire,
Mais aimer... nenni!
Voilà la meunière
Du Moulin-Joli.

ADELINE.

Nous en jugerons bientôt par nous-mêmes... car c'est pour la voir que nous sommes venues déjeuner au moulin.

PIERRE.

Que ne le disiez-vous?... je vais vous chercher des œufs et du lait... Mais tenez... voici madame Thérèse elle-même.

SCÈNE III.

Les mêmes; THÉRÈSE.

THÉRÈSE.

Vot' servante, mesdames... on m'a dit que vous me faisiez l'honneur de venir prendre du lait au moulin, et je vous demande mille pardons de vous avoir fait attendre... (A Pierre, qui est resté immobile devant elle.) Eh bien! que fais-tu là?... va donc chercher du lait... du pain frais... Pierre!... m'entends-tu?... En vérité... il y a des moments où tu ne sais ce que tu fais...

PIERRE, toujours immobile.

Si fait... si fait... c'est que j'étais là, à vous regarder, madame Thérèse...

(Il sort.)

THÉRÈSE.

La belle occupation!...

JULIETTE.

Pierre avait raison... cet air de franchise et de bonne humeur... (Soupirant.) Vous êtes bien heureuse, madame Thérèse; vous êtes toujours gaie.

THÉRÈSE.

Toujours?... eh! mais oui... à peu près... pourquoi ne le serais-je pas?... on est toujours heureux, quand on n'a mis son bonheur à la disposition de personne; et je me suis arrangée pour que le mien ne dépendît que de moi... fille d'un brave militaire, qui avait gagné plus d'honneur que d'argent, je fus obligée, à sa mort, d'entrer comme demoiselle de compagnie auprès d'une grande dame. Là, j'avais la perspective de passer ma vie à végéter dans un salon... en butte aux caprices de madame, aux airs protecteurs de ses bonnes amies, aux propos galants des jeunes gens du bon ton, qui croyaient m'honorer en me faisant la cour, et qui trouvaient mauvais que je me moquasse d'eux... c'était à n'y pas tenir... j'ai renoncé à mon brillant esclavage; j'ai pris à ferme ce moulin; et, au lieu d'obéir, je commande.

AIR

Oui, j'ai trouvé dans cet asile
Les biens que désirait mon cœur;
De vrais amis, un sort tranquille,
Moins de bruit et plus de bonheur.

Dans ce séjour je dois me plaire;
Voyez ces fertiles coteaux,
Ces prés baignés par la rivière;
Ici, tout m'invite au repos;
Et quand je vois fuir la lumière
Près de ces limpides ruisseaux,
Je m'endors et clos ma paupière
Au doux murmure de leurs eaux.

Oui, j'ai trouvé dans cet asile, etc.

Et pour les jours de fête,
Entendez-vous soudain
Le son de la musette,
Le son du tambourin?
De notre sort tranquille
Satisfaits et joyeux,
Voilà dans cet asile
Nos plaisirs et nos jeux.

ADELINE.

Et vous ne nous parlez pas encore de tous vos avantages... vous ne nous dites rien de vos amoureux... et Dieu sait cependant combien vous en avez...

THÉRÈSE.

Mais oui... l'année n'est pas mauvaise... j'en conviens, je suis coquette...

JULIETTE.

Et jamais cette fière indifférence n'a été troublée?

THÉRÈSE.

Eh! mais... je n'en voudrais pas jurer... peut-être une fois si je n'y avais pas pris garde... et puis, écoutez donc, mesdames, ceci est mon secret... Voilà votre déjeuner...

SCÈNE IV.

Les mêmes ; PIERRE, apportant une jatte de lait, des tasses, des assiettes et du pain.

PIERRE.

Çà, il est tout chaud, car je venons de le traire moi-même...

ADELINE.

Quel bonheur! du lait chaud... moi qui l'aime à la folie...

THÉRÈSE.

Ce que je vous offre là n'est pas trop bon.

ADELINE.

Excellent!

THÉRÈSE.

Et vous, mademoiselle Juliette... vous n'en voulez pas davantage?

ADELINE, bas à Thérèse.

Oh! non, ma cousine ne mange pas, parce qu'elle a du chagrin... elle s'afflige, parce que son père veut absolument la marier... est-elle singulière!

THÉRÈSE.

Serait-il vrai?

ADELINE, toujours mangeant.

Eh bien! si j'étais à sa place... imagine-toi, Thérèse, un

jeune homme qui n'a plus de parents, et qui est maître de sa fortune... cinquante mille livres de rente... un château superbe dans les environs... et de plus, un jeune homme très à la mode.

JULIETTE.

Oui... un fat... et un sot...

ADELINE.

Par exemple... si cela empêchait les mariages... Il ne faut pas croire d'ailleurs qu'il s'en présente si facilement... Cet hiver j'étais partout... je n'ai pas manqué une soirée, ni une partie de cheval... j'étais de toutes les cavalcades au bois de Boulogne, et cependant je suis encore demoiselle.

THÉRÈSE.

Voilà qui est incroyable... (A Juliette.) Le futur vous déplaît donc beaucoup?...

JULIETTE.

Plus que je ne peux te dire... et si je pouvais rompre ce mariage...

ADELINE.

Oh! c'est que ma cousine est très-romanesque... elle fait même des livres... et puis, elle n'en est pas sûre, mais elle croit qu'elle en aime un autre...

JULIETTE, lui faisant signe de se taire.

Adeline!

ADELINE.

Tout le monde le sait... c'est mon cousin Alphonse... voilà.

THÉRÈSE.

C'est bien assez... et, je le vois, le prétendu est condamné... mais un jeune homme à la mode, cinquante mille livres de rente; je conçois qu'on ne peut guère le traiter en futur de comédie... il me semble cependant, s'il m'était permis de donner mon avis, qu'on pourrait s'arranger pour que le refus vînt de lui; et alors M. le comte de Préval, votre père, n'aurait plus rien à dire...

JULIETTE, se levant de table.

Il serait possible!... et par quel moyen?...

THÉRÈSE.

Eh! mais... avec un peu de coquetterie... nous n'avons point d'autres armes; et quand on nous attaque, il faut bien se défendre... (A Juliette.) Dès que le futur se présentera, soyez triste, maussade... cela vous sera difficile, je le sens; mais dans une conspiration, il faut savoir dissimuler... mademoiselle Adeline, au contraire, sera charmante : vive, sémillante, romanesque, selon la circonstance...

ADELINE.

J'entends... vous me chargez de tourner la tête au prétendu; un projet délicieux! et dès qu'il sera à mes pieds, dès que le mariage sera rompu...

THÉRÈSE.

Nous nous moquons de lui...

ADELINE.

C'est très-bien.

PIERRE, qui ôte sa serviette.

Oui, que c'est bien... c'est là de l'esprit, et de l'inloquence... Dieux, la meunière!...

ADELINE.

Mais il faut que Thérèse soit de la partie.

THÉRÈSE.

Moi! mademoiselle...

PIERRE.

Oui, madame Thérèse, faut en être pour l'achever.

THÉRÈSE.

Allons, tais-toi.

PIERRE.

Je me tais... Dieux! la meu...

THÉRÈSE.

Et quand vient le prétendu?

ADELINE.

On l'attend cette semaine au château de Cernay... cette terre qui est ici près, et dont il vient d'hériter.

THÉRÈSE.

Ah! mon Dieu... ce serait M. Alfred de Cernay?...

JULIETTE.

Tu le connais?...

THÉRÈSE.

Oui, c'était le fils de cette dame si riche dont je vous parlais tout à l'heure, et chez qui j'ai passé quelques mois à Paris...

ADELINE.

Eh bien! M. Alfred est-il un ennemi redoutable ?

THÉRÈSE.

C'est selon!... il le serait peut-être beaucoup, s'il s'était donné pour devenir homme de mérite la moitié de la peine qu'il se donne pour être fat... c'était d'abord mon défenseur, mon chevalier... on m'écrivait même que, tout récemment encore, il avait eu la bonté de se faire une querelle pour moi.

ADELINE.

Ah! le pauvre garçon!...

THÉRÈSE.

Oh! ne le plaignez pas... il suffit de le connaître pour ne plus le craindre; et ses défauts l'empêchent d'être dangereux.

ADELINE.

J'en suis sûre, il a déjà été amoureux de toi...

THÉRÈSE.

Amoureux... vous me faites bien de l'honneur. Avec la demoiselle de compagnie de sa mère, M. Alfred n'y faisait pas tant de façons... il n'avait pas le temps de conquérir ma tendresse; et il aurait trouvé plus commode de l'acheter... c'est un nouveau système qui a beaucoup de succès maintenant : il est si difficile d'être aimable... et si aisé d'être riche !

PIERRE.

Jarni !... v'là un vilain homme !...

ADELINE.

Raison de plus pour nous venger... pour l'humilier... Mais entendons-nous ! je serai pour le sentiment.

THÉRÈSE.

Et moi pour la gaieté.

ADELINE.

Ah ! l'excellente idée !... vous savez, mon cheval anglais... je ferai semblant d'être emportée par lui... et ma guitare... et mes romances italiennes... et puis tu sais que je me trouve mal quand je veux.

JULIETTE.

Si ce n'est que cela, et moi aussi. Mais surtout, n'oubliez pas de lui dire beaucoup de mal de moi... ne m'épargnez pas.

ADELINE.

Ah ! sois tranquille...

JULIETTE.

Que de reconnaissance !... Avec une pareille union, et en nous entendant aussi bien, il est impossible que notre ligue ne réussisse pas.

SCÈNE V.

Les mêmes ; ALFRED DE CERNAY.

ALFRED, parlant à un domestique.

Retourne près du cheval, et prends garde qu'il ne s'emporte encore...

(Il achève de lui parler bas.)

PIERRE.

C'est mon jeune homme de ce matin.

THÉRÈSE, bas aux autres dames.

C'est lui-même.

ADELINE.

Tant mieux : il ne nous connaît pas, et nous le connaissons; l'occasion est favorable... attaquons.

ALFRED, tournant le dos aux trois dames et regardant avec sa lorgnette.

Très-joli... très-joli... surtout le petit pont où j'ai pensé me rompre le cou... ces deux planches brisées sont admirables pour l'effet... (A Pierre.) Eh bien! est-elle rentrée, cette farouche meunière ? (Apercevant les deux dames.) Mais voilà qui est du dernier genre... je ne m'attendais pas à trouver en ces lieux une pareille réunion... Mesdames, que j'ai d'excuses à vous demander de ne pas vous avoir aperçues!... depuis qu'on est obligé d'avoir la vue basse, il n'y a rien d'incommode comme cela.

JULIETTE, à voix basse.

On ne nous a point trompées.

ADELINE, de même.

Oui... il est passablement fat!

THÉRÈSE.

Votre servante, monsieur.

ALFRED.

C'est elle... c'est Thérèse.

THÉRÈSE.

Vous, si loin de la capitale!... je ne me serais pas attendue à recevoir ici M. Alfred...

ALFRED.

Tais-toi donc !... je suis incognito.

ADELINE, à part.

La précaution est bonne.

ALFRED, bas à Thérèse.

Qu'est-ce que c'est que ces provinciales?

THÉRÈSE, de même.

Ce sont des dames de Paris.

ALFRED.

Oui?... (D'un air galant.) En effet, ce sont des grâces parisiennes... Mais savez-vous que c'est perfide... moi, qui venais ici de confiance... ce n'est pas du tout un endroit sûr que ce moulin.

COUPLETS.

Premier couplet.

ALFRED.

D'honneur, une étoile fatale
De mon destin règle le cours :
Je fuis, loin de la capitale,
Et les belles et les amours ;
Au sein des champs, dans un humble ermitage,
Je me dérobe à leurs traits ennemis ;
Et tout d'un coup l'amour m'offre au village
Plus de dangers qu'on n'en trouve à Paris.

Ensemble.

JULIETTE et ADELINE.

Ah ! comme il me regarde !
C'est de moi qu'il est enchanté ;
Mais plus je le regarde...
Il n'est pas mal en vérité.

THÉRÈSE.

Ah ! comme il vous regarde !
Il va perdre sa liberté ;
Mesdames, prenez garde :
N'oublions pas notre traité.

ALFRED.

Oui, plus je les regarde,
Plus mon cœur en est enchanté ;

Mais prenons garde
De perdre ici ma liberté.

Deuxième couplet.

ADELINE.

Dans cette aimable solitude
Nous venons passer le printemps ;
A la bienfaisance, à l'étude,
Nous consacrons tous nos instants.

ALFRED.

Quels goûts touchants ! quel innocent langage !
Je ne sais plus dans quel pays je suis :
A vos vertus, on se croit au village ;
A vos attraits, on se croit à Paris.

Ensemble.

JULIETTE et ADELINE.

Ah ! comme il me regarde ! etc.

ALFRED.

Oui, plus je les regarde, etc.

THÉRÈSE.

Ah ! comme il vous regarde ! etc.

ALFRED.

Mais c'est champêtre... c'est délicieux, c'est une idylle... je suis comme vous, mesdames, je suis pastoral en diable, et je viens m'établir dans le pays. (A Thérèse.) Oui, c'est une affaire décidée... Je te raconterai cela... mais avant tout, j'ai voulu venir te voir ; c'est bien hardi, après la manière dont tu m'as traité... mais j'avais un service à te demander ; et je te crois assez généreuse...

THÉRÈSE.

Ah ! parlez...

ALFRED.

D'abord... je n'étais pas fâché de te déclarer... et je suis venu en poste pour cela... te déclarer que je ne t'aime plus... ce n'est pas sans peine... voilà trois mois que je m'exerce... mais maintenant j'en suis sûr... j'ai pris mes arrangements en conséquence.

ADELINE.

Vos arrangements?...

ALFRED.

Oui... je ne sais pas ce que je n'aurais pas fait pour t'oublier... enfin, je me marie!... c'est à ce point-là...

JULIETTE.

Comment! monsieur?...

ALFRED.

Oui, madame; c'est comme j'ai l'honneur de vous le dire... il n'y a pas d'extravagances qu'elle ne m'ait fait faire... et c'est même à propos de cette dernière que je voulais lui demander... (Il fait un geste de douleur en touchant sa main.) Aïe...

THÉRÈSE, vivement.

Qu'avez-vous donc?... Vous avez l'air de souffrir.

ALFRED.

Non, ce n'est rien... une égratignure... il y a déjà quinze jours... et c'était fini... mais, tout à l'heure, en voulant retenir mon cheval... à peine si la peau est enlevée.

THÉRÈSE.

Ah! mon Dieu! quelle imprudence!

(Elle tire un mouchoir blanc.)

ADELINE.

Attendez... de l'eau fraîche...

(Elles le font asseoir sur une chaise, et s'empressent toutes trois autour de lui. Thérèse se met à genoux, et panse son bras, tandis que les autres sont groupées différemment.)

ALFRED.

En vérité, je suis trop heureux... combien vous êtes bonnes... la *molinara* surtout.

THÉRÈSE.

Il y a quinze jours, dites-vous?... ce qu'on m'écrivait était donc vrai!... vous vous êtes battu... et pour qui?...

ALFRED.

Comment!... tu savais?... la querelle la plus extravagante... le chevalier de Blinval qui s'avise de me soutenir que tu m'aimais... je te le demande.

THÉRÈSE, avec émotion.

Moi?...

ALFRED.

Moi, je soutenais que tu ne m'aimais pas : j'avais bien mes raisons pour cela ; et fier de la bonté de ma cause... je me suis battu.

THÉRÈSE, avec intention.

Et vous avez été blessé... ce qui prouve que votre cause n'était peut-être pas si bonne que vous le croyiez.

ALFRED.

Ah! coquette... mais je suis en garde maintenant, et je te défie bien de m'y reprendre...

THÉRÈSE.

Mais tenez-vous donc...

ALFRED.

Oui, revenons à l'objet de ma visite : puisque vous habitez les environs, vous devez connaître le château de Préval... n'y a-t-il pas une noce ?

JULIETTE.

Sans doute.

ALFRED.

Ah! ah! et que dit-on du futur ?

ADELINE.

Mais... on le cite comme un chevalier charmant, comme un homme galant, spirituel, modeste.

ALFRED.

Il y a bien quelque chose comme cela...

THÉRÈSE, achevant d'arranger son mouchoir qu'elle attache avec une épingle.

Laissez donc... on assure au contraire que c'est un fat.

ALFRED, faisant un mouvement.

Hein ! qu'est-ce qu'elle dit ?

THÉRÈSE.

Ah! mon Dieu !... est-ce que je vous ai piqué ?

ALFRED.

Non, non... mais je le connais, moi, le prétendu... il a beaucoup de défauts, j'en conviens... mais pour ce qui est d'être fat... non... je m'en défends... certainement, je ne suis pas fat, et je défie...

ADELINE et JULIETTE, en riant.

Comment, vous êtes monsieur de Cernay ?

ALFRED.

Eh bien ! oui, mesdames, j'en conviens... d'ailleurs, cette friponne-là n'a voulu que plaisanter, parce que raisonnablement, on ne peut pas soutenir que je sois... et la preuve, c'est que je suis enchanté de votre franchise à toutes... et si j'osais encore vous consulter... c'est peut-être une erreur; mais, moi, je crois aux jolies femmes ; et vous m'inspirez une confiance que je n'ai jamais éprouvée pour personne.

ADELINE, à part.

Ils ont beau dire... ce jeune homme-là a d'excellentes qualités...

ALFRED.

Que pensez-vous de la famille où je vais entrer ?... des dames de Préval ?... (A Thérèse.) C'est là ce que je venais te demander...

THÉRÈSE.

Mais, elles sont plusieurs dont on dit beaucoup de bien...

ALFRED.

Oui, je sais... une petite cousine... mais la fille de la maison, ma future, n'est-ce pas elle qui a des talents agréables, qui monte à cheval comme Franconi?... moi, j'aimerais assez cela...

ADELINE, avec joie.

Non, monsieur, non, ce n'est pas elle.

ALFRED.

Ah! oui... je me rappelle.. on m'a parlé d'une voix charmante, un goût exquis, une élève de madame Mainvielle.

ADELINE.

Non, monsieur, non ; ce n'est pas elle, non plus... c'est probablement une de ses parentes.

ALFRED.

Ah ! tant pis... mais alors, quels sont donc les avantages de mademoiselle de Préval?

JULIETTE.

J'ignore quel peut être son mérite, mais on assure d'abord qu'elle a reçu une excellente éducation...

ADELINE, bas à Juliette.

Tais-toi donc ! (Haut.) Oui, une éducation tellement soignée, qu'elle a fini par devenir pédante et par faire des livres.

THÉRÈSE.

Qui sans doute n'ont pas le sens commun ?

ADELINE.

Et auxquels elle met une prétention... (Bas à Juliette.) Tu vois comme nous te servons.

JULIETTE, de même.

Et je vous remercie beaucoup... (Haut.) Certainement, je ne défends pas ses ouvrages; mais pour dire qu'elle y met de la prétention...

ADELINE.

Oh ! beaucoup, quoiqu'elle ne l'avoue pas... parce que, il faut tout dire, elle ne manque pas d'amour-propre.

THÉRÈSE.

Et un caractère...

JULIETTE.

Par exemple, si on peut dire!... c'est bien plutôt vous, mesdames.

ADELINE.

Et son humeur... je ne vous en parle pas ; mais, pour un rien, elle se fâche, se met en colère, même contre les personnes qui lui rendent service... demandez plutôt à Thérèse.

THÉRÈSE.

Non... mais je crois seulement qu'elle a des caprices, et qu'elle change quelquefois d'idée.

JULIETTE, à part.

Allons... tout le monde est contre moi; c'est une indignité.

ALFRED.

D'après ce que je viens d'entendre, il me semble que ma prétendue... (On entend le commencement de la symphonie du morceau suivant.) Eh ! mais, quel est-ce bruit ?... Dieu me pardonne, ce sont les notables de l'endroit qui viennent sans doute me complimenter... c'est charmant, l'incognito : il n'y a rien de tel pour être promptement découvert.

SCÈNE VI.

Les mêmes ; Villageois et Villageoises, conduits par Pierre.

LES VILLAGEOIS et LES VILLAGEOISES.
C'est une ivress' que notre cœur
N'avait pas encore éprouvée...

En ces lieux, de not' bon seigneur
Nous venons fêter l'arrivée.

ALFRED, leur donnant de l'argent.

C'est bon, c'est bien, mes chers amis.

PIERRE.

Pour vous présenter leur hommage,
Tous les habitants du village
Dans votre parc sont réunis.

ADELINE.

Eh! mais, nous désirons connaître
Le château, le parc, le jardin ;
Monsieur nous permettra peut-être...

ALFRED.

Je vous y donnerai la main.

Ensemble.

ADELINE et THÉRÈSE.

Tout est, dit-on, d'une magnificence,
D'une beauté, d'une élégance !
Des rochers et des arbrisseaux;
Des volières et des oiseaux,
Des cascades et des ruisseaux.

ALFRED.

Moi-même aussi, je ferai connaissance
Avec mes rochers, mes oiseaux,
Mes cascades et mes ruisseaux.

TOUS.

Allons... allons,
Partons.

Ensemble.

JULIETTE, à part.

Ah! c'est affreux! je perds courage :
Plus de repos, plus de bonheur;
Pour me venger de cet outrage,
Si je pouvais toucher son cœur !

ADELINE.

Nous triomphons; allons, courage !
  (A Juliette.)
Ma chère, c'est pour ton bonheur.
  (A part.)
Oui, malgré son humeur volage,
C'est moi qui possède son cœur.

ALFRED.

Non, plus de chaîne, d'esclavage,
L'amour me promet le bonheur;
  (Regardant la meunière.)
Et malgré son humeur sauvage,
C'est moi qui toucherai son cœur.

THÉRÈSE, à part.

Quand je le voudrai, je le gage,
Je charmerai le séducteur;
Et malgré son humeur volage,
C'est moi qui toucherai son cœur.

PIERRE et LES VILLAGEOIS.

Venez recevoir notre hommage,
Nous vous l'offrons tous de bon cœur.

(Les dames ont pris leurs chapeaux, leurs ombrelles; Alfred sort en donnant la main à Juliette et à Adeline; tous les villageois les suivent : Thérèse et Pierre restent dans le moulin.)

SCÈNE VII.

THÉRÈSE, PIERRE.

THÉRÈSE.

Eh bien ! Pierre... tu ne les suis pas ?

PIERRE.

Oh ! que non... j'ai déjà assez vu ce biau monsieur... C'est lui qui est déjà venu à ce matin, pendant que vous étiez sortie.

THÉRÈSE.

Quoi!... il était venu?...

PIERRE.

En chaise de poste, quoi! en arrivant de Paris... et pour aller entendre encore tous ces paysans qui vont vous crier aux oreilles... *Vive M. Alfred!*... j'ai autant aimé rester ici... j'ai bien fait, n'est-ce pas?

THÉRÈSE.

Si cela t'a fait plaisir...

PIERRE.

Oui, moi, je ne l'aime pas ce M. de Cernay... il a toujours un air de vous regarder qui fait que... enfin, moi, il ne me revient pas... sans compter que, moi, il m'avait pris en affection, et que ce matin, il n'a fait que me parler de vous.

THÉRÈSE, avec joie.

De moi?...

PIERRE.

Oui, sur ce que vous faites, et sur ce que vous ne faites pas... et patati, et patata... et y bavardait, que c'était insupportable... Enfin, pour vous en donner un exemple, il m'a demandé si vous aviez des amoureux!

THÉRÈSE.

Il t'a demandé...

PIERRE.

Oui, c'est indiscret... et alors, moi, je lui ai appris quelque chose... dont je ne vous ai pas encore parlé... et que je veux toujours vous dire... mais ça... c'est une chose... allez... je suis bien sûr, madame Thérèse, que vous ne vous en doutez pas...

THÉRÈSE, à part.

Pauvre Pierre... Je le savais avant lui.

PIERRE.

Eh bien! croiriez-vous que ce malavisé s'est fâché... Eh

bien! tant mieux; je l'ai fait exprès... et ça me causait du plaisir, à moi, de le voir en colère.

THÉRÈSE.

En colère... Ah! mon Dieu, Pierre, que lui avez-vous donc raconté?

PIERRE.

Comment! madame Thérèse... vrai, vous voulez que je vous le dise... Eh bien! ma foi, voilà enfin une occasion, et je vais... (Se retournant.) La! encore du monde!... ça commençait si bien... (Regardant dans la coulisse.) Jarni... c'est lui... Dites donc, madame Thérèse... vous vous rappelez bien la manigance dont vous êtes convenue ce matin avec ces dames... tâchez donc de vous moquer de lui, mais en conscience...

SCÈNE VIII.

THÉRÈSE et PIERRE, à gauche, ALFRED et WILLIAMS, entrant par le fond.

WILLIAMS.

Je vous répète, monsieur, que ce sont les demoiselles de Préval... les paysans me l'ont assuré... et celle à qui vous n'avez pas dit un mot est mademoiselle Juliette, votre prétendue.

ALFRED.

Que veux-tu? je ne pouvais pas le deviner!...

WILLIAMS.

Et cependant, on vous avait envoyé son portrait.

ALFRED, à Williams.

C'est vrai... je l'avais là... mais je ne l'ai seulement pas regardé... Exécute toujours mes ordres... les villageois... les ménétriers... un bal champêtre... que rien n'y manque.

(Apercevant Thérèse.) C'est Thérèse!... Va vite... que tout soit prêt dans une heure, sur la pelouse en face le moulin. (Williams sort; Alfred apercevant Pierre.) Justement, Pierre, c'est toi que je cherchais... va donner l'ordre de distribuer du vin à ces bons paysans, et n'oublie pas d'en boire à ma santé.

PIERRE.

Oui, que j'en boirai! (A part.) Mais à sa santé, c'est autre chose. (Bas à Thérèse.) Je vous en prie, madame Thérèse, ne le marchandez pas.

(Il sort.)

SCÈNE IX.

ALFRED, THÉRÈSE.

THÉRÈSE.

Quoi! vous voilà déjà de-retour? vous avez donc abandonné ces dames dans les allées de votre parc?... Mais c'est très-mal.

ALFRED.

Oui, notre promenade a été assez ennuyeuse! Et toi, qu'as-tu fait pendant ce temps?

THÉRÈSE, soupirant.

Moi!... j'ai pensé à vous.

ALFRED, avec joie.

A moi!

THÉRÈSE.

Oui; à vos travers... à vos défauts.

ALFRED.

Eh! mais... tu as une manière de penser à moi, qui est très-désagréable.

THÉRÈSE.

C'est l'amitié que j'ai pour vous... je voudrais que tout le monde vous aimât.

4.

ALFRED.

Eh bien! si tu commençais... si tu leur donnais l'exemple...

THÉRÈSE.

Je ne peux pas, et c'est ce qui me désole... vous vous arrangez de manière qu'il n'y a pas moyen.

ALFRED.

Je voulais te parler, mais à toi seule ; et depuis que je suis arrivé, je n'ai pu en trouver l'occasion.

THÉRÈSE.

Eh! mon Dieu! qu'avez-vous donc à me dire?

ALFRED.

Tu te doutes bien que je ne venais pas seulement ici pour prendre des informations sur ma prétendue... j'avais une demande à te faire... Eh bien! tu ne le croirais pas, je ne sais comment m'y prendre !

THÉRÈSE.

Quoi ! monsieur ?

ALFRED.

Oh! ne t'effraie pas... je ne veux pas te parler d'amour !... Ne crois pas que je m'expose encore à tes railleries, à tes mépris. J'aimerais mieux mourir que de te faire la cour... parce que... certainement, tu es fort jolie, je crois même que tu es mieux que jamais... mais tu as des défauts... tu en as de très-grands... d'abord, tu ne peux pas me souffrir.

THÉRÈSE.

Moi, monsieur ?

ALFRED.

Oh! je sais ce que tu vas me dire... c'est moi seul, ce sont mes extravagances qui t'ont fait quitter Paris... Eh bien! tu avais raison de me fuir... de repousser mes offres... je t'aimais alors... mais... maintenant que je ne t'aime plus... que je ne t'aimerai jamais... ou le diable m'emporte... je ne vois pas ce qui t'empêcherait d'accepter...

THÉRÈSE.

Que voulez-vous dire ?

ALFRED.

Oui, Thérèse; ce moulin... cette prairie... les terres qui en dépendent... (Jetant un parchemin sur la table.) Tout cela est à toi... C'est ce que je voulais te supplier d'accepter... tu ne peux pas me refuser... moi, c'est fini... je me marie... ça n'est point suspect... c'est le présent de noce.

DUO.

THÉRÈSE.

Non, non, je ne puis croire encore
A tant de générosité;
Mais cette amitié qui m'honore
Suffit à ma félicité.

ALFRED.

Tu me refuses...

THÉRÈSE.

Je le doi.

ALFRED.

Comment! Thérèse ?

THÉRÈSE.

Ah ! laissez-moi
Laissez-moi, je vous en supplie,
Garder le nom de votre amie.

ALFRED.

Eh quoi! tu serais mon amie ?
Ton regard n'est-il pas trompeur ?
N'est-ce point encore une erreur ?

THÉRÈSE, tendrement.

Non, non, plus de coquetterie,
Plus de détours, de fausseté,
Mon cœur a dit la vérité.

ALFRED et THÉRÈSE.

Je ne puis croire encore

A cet espoir flatteur.
Un bonheur que j'ignore
Fait palpiter mon cœur.

ALFRED, plus tendrement.

Eh! quoi, ne puis-je donc prétendre
Qu'à ta seule amitié?
Jamais d'un sentiment plus tendre
Mon amour ne sera payé?

THÉRÈSE, émue.

Votre amour!

ALFRED, vivement.

Eh bien!... oui, je t'aime,
Mon cœur, en dépit de moi-même,
Brûle toujours du même feu.
(Moment de silence.)
Eh! quoi! Thérèse, sans colère
Tu viens d'entendre cet aveu?
Ton cœur serait-il moins sévère?
(A part.)
Elle est émue, et ce trouble soudain...
(Haut.)
N'est-ce point encore une ruse?...
Parle, dis-moi... si je m'abuse...
Réponds... ou je vais croire enfin
Que tu partages ma tendresse.
(A part.)
Elle se tait!...
(Haut.)
Oui, c'en est fait,
Connais donc toute ma faiblesse.
(Se jetant à ses pieds.)
Et reçois en ce jour
Et mon cœur et...

SCÈNE X.

Les mêmes ; ADELINE, JULIETTE, et PIERRE dans le fond.

Ensemble.

JULIETTE, ADELINE et PIERRE, riant.

Ah! le bon tour,
Ah! ah! ah! L'aventure est singulière ;
Et Dieu merci!
Notre complot a réussi.

ALFRED.

Quel est donc ce mystère?
Et pourquoi nous surprendre ainsi?

THÉRÈSE.

Quelle contrainte! il faut me taire ;
Il va m'accuser aussi.

ALFRED, étonné.

Quoi! mesdames, vous étiez là?... et que signifie?...

JULIETTE.

Que cette plaisanterie a été poussée trop loin... que l'on s'amuse à vos dépens, et que pour votre honneur il est peut-être temps que vous daigniez vous en apercevoir.

ALFRED.

Quoi! tout à l'heure, Thérèse...

ADELINE.

Jouait avec vous la comédie... et nous étions du complot.

PIERRE.

Ah! mon Dieu, oui!... nous en étions tous... c'était convenu.

ADELINE.

Très-bien, Thérèse...

ALFRED, regardant alternativement les dames et Thérèse.

Ah! vous étiez convenues! (A part.) Elle se tait... quelle trahison... et je suis encore sa dupe! (Affectant un air riant.) Vrai... mesdames... j'avais donc un air bien sot... bien ridicule?...

JULIETTE.

Mais... pas mal!...

ALFRED.

D'honneur! vous m'enchantez!... et... vous ne vous doutez pas de ce que vos éloges ont de flatteur!... (A part.) Mais plus j'y pense... (Regardant Adeline.) Ici... l'étonnement... (Regardant Juliette.) Là... un air de dépit... et même de colère... et Thérèse... les yeux baissés, et jouant encore un reste d'émotion... jusqu'à Pierre lui-même... les yeux fixes et la bouche ouverte... (Riant aux éclats.) Ah! ah! ah! C'est charmant! et il paraît que nous nous sommes tous donné un mal... pour nous acquitter de nos rôles... ah! ah!

PIERRE.

Eh bien! qu'est-ce qu'il a donc?

ALFRED.

Va voir... si Williams, mon domestique, a exécuté mes ordres.

PIERRE.

Comment?

ALFRED.

Va, te dis-je, et qu'il m'avertisse quand tout sera prêt.

(Pierre sort.)

SCÈNE XI.

ALFRED, JULIETTE, ADELINE, THÉRÈSE.

ALFRED.

Oui, mesdames, j'avais affaire à forte partie... mais il ne faut pas croire que nous autres Parisiens ne prenions pas d'informations... et je demande pardon à mon aimable prétendue de n'avoir point été sa dupe.

JULIETTE.

Quoi! monsieur, vous saviez?...

ALFRED.

Que je parlais à mademoiselle Juliette de Préval... mon cœur seul vous eût devinée, mais quand on se marie, il y a toujours quelques parents officieux qui vous envoient le portrait de la future... et j'avais le vôtre depuis quinze jours... (Le lui donnant.) Voyez plutôt si ce ne sont pas là ces traits charmants... Quant à Thérèse, elle est fort aimable, et je n'oublierai jamais le délicieux quart d'heure que j'ai passé auprès d'elle... mais elle ne peut pas exiger que ma flamme dure plus longtemps que l'entrevue qui l'a fait naître.

THÉRÈSE.

Comment!

ALFRED.

Ces dames me permettront-elles de leur donner la main pour les conduire au petit bal champêtre que j'avais commandé pour elles?...

JULIETTE.

Un bal champêtre!... c'est délicieux.

ALFRED.

Oui... une surprise que je vous ménageais...

JULIETTE.

En vérité, mesdemoiselles, je suis désespérée de la tournure que prend notre conspiration... mais je ne pouvais pas prévoir...

ADELINE, regardant Alfred.

Oh! cela est fâcheux... pour vous... mais il ne faut pas vous désoler... (A part.) D'abord, s'il l'épouse, j'en mourrai de dépit.

ALFRED.

Eh bien!... partons-nous? tout le village est rassemblé sur la pelouse, en face le moulin... et les ménétriers nous attendent ; je suis si content... si heureux, que je veux que ce soit un jour de bonheur pour tout le monde.

THÉRÈSE, à part.

Pour tout le monde...

JULIETTE, prenant la main d'Alfred, et prête à partir.

Thérèse... vous verra-t-on à la danse?... (Thérèse veut parler ; elle ne peut et se contente de faire un signe de tête pour refuser.) Adieu donc, Thérèse.

ADELINE.

Adieu, la meunière.

ALFRED.

Adieu... (Il fait un pas vers elle et s'arrête.) Adieu, mademoiselle.

JULIETTE.

Allons donc... le bal va commencer sans nous.

(Ils sortent tous, excepté Thérèse.)

SCÈNE XII.

THÉRÈSE, seule.

Enfin ils sont partis... et M. Alfred! quelle idée emporte-t-il de moi?... au moment même où il me donnait tant de preuves de sa bonté, de sa tendresse... il me croit fausse... perfide... et impossible de me défendre !... de me justifier !... non, il ne me croirait plus... il ne doit plus avoir pour moi, ni confiance, ni amitié... (S'approchant de la table.) Et ce papier... ces présents qu'il m'offrait avec tant de générosité... il faut tout lui renvoyer... il faut partir aujourd'hui, ce soir même... mais puisqu'il a pu me juger ainsi ; puisqu'il a pu me condamner sur les apparences, il connaîtra toute la vérité... il saura... oui, il saura que malgré moi, je l'ai toujours aimé... et que je le quitte pour jamais... (Elle se met à la table.) C'est cela... demain, quand je serai loin de ces lieux... on lui remettra ma lettre... (On entend la symphonie du bal.) C'est le bal... (Elle prend la plume, et s'arrête en écoutant la musique de la danse, que l'on entend dans le lointain et qui accompagne la romance suivante.) Il est là. (Montrant la fenêtre qui est restée ouverte.) Il est heureux !... et moi... seule... seule toute la vie !

(Elle s'assied, écrit et se parle en même temps.)

ROMANCE.

Premier couplet.

Adieu, douce espérance
Dont s'enivra mon cœur ;
Une seule imprudence
Me ravit le bonheur...
Hélas !... lui dois-je écrire
Des regrets superflus ?...

(Après une pause.)

Ah ! je puis tout lui dire :
Je ne le verrai plus.

(Pendant la ritournelle, elle plie la lettre et y met l'adresse.)

Deuxième couplet.

(Elle quitte la table.)

Dans cet écrit sincère,
Qu'il me juge à son tour...
Il me plaindra, j'espère...

Mais quoi ! parler d'amour...
Du trait qui me déchire
Et de mes vœux déçus !

(Après une pause.)

Ah ! je puis tout lui dire,
Je ne le verrai plus.

J'entends quelqu'un !... ah ! mon cœur me disait qu'il reviendrait... (Elle court vivement à la porte et reste stupéfaite.) Non... c'est Pierre !

SCÈNE XIII.

THÉRÈSE, PIERRE.

PIERRE, à part.

La v'là... et elle est toute seule... par exemple, depuis que j'attends je n' pouvais pas choisir un meilleur moment. (Haut.) Madame Thérèse...

THÉRÈSE.

Que me veux-tu ?

PIERRE, embarrassé.

Ah !... je venais... je venais savoir pourquoi vous n'êtes pas au bal sur la pelouse... tout le monde y est... le village et le château... A propos de ça... dites donc, tantôt.. notre prétendu, quoiqu'il ait comme ça un petit air... de rire... était-il déconcerté, quand je l'avons surpris à vos genoux ! et puis, vous ne savez pas... il paraît que c'est maintenant le tour de mam'zelle Juliette.

THÉRÈSE.

Comment !

PIERRE.

Oui, c'est elle à présent qui se moque de M. Alfred.

THÉRÈSE, avec joie.

En vérité ?...

PIERRE.

Faut qu'il soit simple comme il est, pour donner encore là-dedans... car elle vous le traite... comme on n'a jamais traité quelqu'un.

THÉRÈSE, de même.

J'entends... elle lui a déclaré qu'elle ne l'aimait pas... qu'elle ne l'épouserait jamais.

PIERRE.

Laissez donc !... il n'y aurait plus de frime... oh ! elle y met plus de finesse que ça... elle vous a un air enchanté... et puis des prévenances, des agaceries... enfin comme vous faisiez tantôt...

THÉRÈSE.

Ah ! des prévenances...

PIERRE, riant.

Sans doute... Tenez, vous pouvez les voir d'ici... mademoiselle Juliette ne le quitte pas plus que son ombre... c'est toujours avec lui qu'elle danse... enfin, j'ai vu... vous allez rire... j'ai vu qu'elle se laissait baiser la main... Eh bien ! madame Thérèse, qu'est-ce que vous avez donc ?

THÉRÈSE, troublée.

Rien... je ne sais... un mal de tête !... mais je t'écoute... continue...

PIERRE.

Oh ! dame, c'est amusant, pas vrai ?... le plus drôle... ça, je parierais que c'est un semblant : le plus drôle, c'est qu'ils ont parlé de notaire, de mariage... Eh bien ! madame Thérèse... ça vous reprend ?...

THÉRÈSE, de même.

Non, non... cela va mieux... mais qu'il ne soit plus question de M. de Cernay.

PIERRE.

Oui, vous avez raison... il faut en finir avec lui.

THÉRÈSE.

Et pour cela, je compte sur toi... Tu lui remettras demain cette lettre...

PIERRE.

J'entends... c'est encore quelque manigance pour l'achever... (Retournant la lettre.) C'est dans cette lettre-là, n'est-ce pas, que vous vous moquez de lui ?... et que vous lui dites que vous ne l'aimez pas... de sorte qu'après cela... tout sera bâclé.

THÉRÈSE.

Oui, quand il l'aura lue... nous ne nous verrons plus.

PIERRE.

J' vas la porter tout de suite.

THÉRÈSE.

Non, garde-t'en bien... je veux qu'il ne la reçoive que demain... demain, entends-tu? (A part.) Allons tout préparer et partons ce soir même... (Haut.) Adieu, Pierre... je te quitte... j'ai besoin d'être seule...

PIERRE.

Comment! madame Thérèse, vous vous retirez déjà ?... (Souriant.) C'est qu'il y a bien longtemps que j'ai quelque chose à vous dire... quelque chose que vous savez bien...

THÉRÈSE.

A la bonne heure... mais plus tard...

PIERRE.

Oui, madame Thérèse, plus tard... je l'aime mieux... et alors... je vous dirai... Vous m'y ferez penser... n'est-ce pas, madame Thérèse ?...

THÉRÈSE.

Adieu, Pierre... adieu, mon ami!

(Elle sort par la porte à droite.)

SCÈNE XIV.

PIERRE, seul, la regardant partir.

Adieu... madame Thérèse... Ouf! elle a dit : mon ami!... et puis elle renvoie l'autre... ça fait bien... (Se retournant et apercevant Alfred.) Allons... le v'là encore... est-il tenace!... il ne peut pas la laisser tranquille, c'te femme.

SCÈNE XV.

PIERRE, ALFRED.

ALFRED, à part.

Je n'y puis plus tenir... je me suis échappé un moment... l'inquiétude... l'agitation... (A Pierre.) Où est Thérèse ?...

PIERRE, à part.

Eh bien, il est sans façon! (Haut et montrant la porte à droite.) Monsieur... elle est là!... mais elle ne reçoit personne... il y a des gens qui avaient à lui parler de choses plus intéressantes, et qui ont remis cela!

ALFRED.

Ne te fâche pas, mon cher Pierre, mon ami!...

PIERRE.

Du tout, je ne suis pas votre ami!

ALFRED.

Tu le deviendrais, si tu savais combien je suis malheureux... Depuis que j'ai revu Thérèse, je ne peux te dire quel changement s'est fait en moi, son image me poursuit partout, et je sens là...

PIERRE, le regardant avec satisfaction.

Ça vous fait mal, n'est-ce pas ?

ALFRED.

Tu ne sauras jamais ce que je souffre... c'est une fièvre... un feu dévorant...

PIERRE.

Oui, comme des charbons qui vous courent dans les veines... (A part.) C'est bien ça... Eh bien ! tant mieux .. je ne suis pas le seul, au moins.

ALFRED.

Ah ! si elle ne m'avait pas trompé... si elle avait été sincère... tu ne peux pas t'imaginer ce que j'aurais fait pour elle... je l'aurais épousée... je crois...

PIERRE.

Comment !... eh bien ! par exemple, je voudrais bien voir !...

ALFRED.

Oui, mon ami, je l'aurais épousée ! et qui m'en aurait empêché?... je n'ai, grâce au ciel, ni titres, ni dignités... je n'ai que ma fortune... et le fils d'un riche négociant pouvait l'offrir sans honte à la fille d'un brave militaire... Mais après sa trahison... sa perfidie... je veux encore la voir, pour lui dire qu'elle a perdu tous ses droits à mon affection, et même à mon estime...

PIERRE.

Par exemple, c'est trop fort... apprenez que madame Thérèse mérite l'estime de tout le monde, entendez-vous?...

ALFRED.

Quoi ! mon ami, tu penses qu'elle est encore digne de mon amour?...

PIERRE.

C'est-à-dire... non... oui... si fait, je veux dire seulement... parce qu'enfin... madame Thérèse... c'est connu !

ALFRED.

Je me suis donc trompé...

PIERRE.

Du tout... mais si vous l'aviez vue tout à l'heure si bonne, si aimable, et cependant elle souffrait... elle était triste, malade...

ALFRED, avec joie.

Triste... malade... il serait vrai?...

PIERRE.

Eh bien! a-t-il mauvais cœur!...

ALFRED.

Mon ami, tu me rends l'espérance!... elle m'aime encore!...

PIERRE.

Je vous dis que non... et je le sais.

ALFRED.

Tu te trompes... j'en suis sûr.

PIERRE.

C'est elle-même qui tout à l'heure, ici... m'a répété qu'elle ne vous aimait pas... qu'elle ne vous aimerait jamais.

ALFRED.

C'est égal, mon ami; tu as mal compris, mal interprété... et à moins que je n'apprenne d'elle-même...

PIERRE.

Ah çà! est-il entêté!... il m'en mettrait en colère... Eh bien! puisqu'il n'y a pas moyen de vous convaincre... t'nez... v'là... une lettre qui prouve le cas qu'elle fait de vous... une lettre qu'elle m'avait bien défendu de vous remettre avant demain matin... mais, puisque vous êtes si obstiné... (Il lui donne la lettre.) Là! vous n'avez que ce que vous méritez... allons donc, et que ça finisse.

ALFRED, très-agité et lisant.

Juste ciel! qu'ai-je lu?...

(Il se précipite dans la chambre de Thérèse, pendant que Pierre lui tourne le dos et se frotte les mains.)

PIERRE.

C'est ça... c'est bien fait... et j'espérons que maintenant... vous... (Regardant autour de lui et ne le voyant plus.) Eh bien! où est-il donc?... madame Thérèse!... (Courant à la porte qui est fermée.) est-ce qu'il voudrait enlever la meunière?... Dieu! la meunière!... au secours! au secours!
(Il court à la cloche et sonne de toutes ses forces. Tous les paysans accourent.)

SCÈNE XVI.

JULIETTE, ADELINE, PIERRE, VILLAGEOIS et VILLAGEOISES.

LES VILLAGEOIS et LES VILLAGEOISES.
Eh mais! d'où vient donc ce tapage
Qui met le troubl' dans le village?
Le feu serait-il au moulin
Pour sonner ainsi le tocsin?
(Pendant que Pierre parle bas aux deux dames.)
Pourquoi ce bruit soudain?

JULIETTE et ADELINE, aux villageois.
Silence!... qu'on se taise.
(A Pierre.)
Réponds-nous...

SCÈNE XVII.

LES MÊMES; ALFRED, THÉRÈSE.

(La porte s'ouvre : Alfred paraît, tenant Thérèse par la main.)

JULIETTE et ADELINE.
Qu'ai-je vu, monseigneur?

LES VILLAGEOIS, à demi-voix.
Monseigneur... et Thérèse!...

ALFRED.
Oui, mes amis... c'est elle... c'est Thérèse,
A qui je viens d'offrir et ma main et mon cœur.

Ensemble.

ALFRED, aux villageois.

Oui, mes amis, d'un sort prospère
Nous goûterons tous la douceur.
(A Thérèse.)
Désormais, t'aimer et te plaire
Sera pour moi le vrai bonheur.

THÉRÈSE.

Oui, Thérèse ne pouvait guère
Espérer cet excès d'honneur.
(A Juliette et Adeline.)
Ah! daignez me voir sans colère
Et me pardonner mon bonheur.

JULIETTE et ADELINE.

Quelle aventure singulière !
Et pour Thérèse quel honneur !
(Se regardant l'une l'autre.)
Oui, son dépit et sa colère
Me consolent de son bonheur.

PIERRE.

Quelle aventure singulière !
Thérès' qui détest' monseigneur,
Et qui l'écoute sans colère :
Ça n' se peut pas, c'est une erreur.

LES VILLAGEOIS.

Quelle aventure singulière !
Et pour Thérèse quel honneur !
Chacun de nous d'un cœur sincère
Se réjouit de son bonheur.

JULIETTE et ADELINE.

Comment ! monsieur de Cernay...

ALFRED, gaiement.

Ma foi, mesdames... j'en suis confus comme vous... et j'en aurais presque des remords, si vous ne m'aviez donné l'exemple des trahisons... ne trouvez donc pas mauvais que je porte ailleurs... l'offre de ma main... (Montrant Thérèse.) J'ai l'honneur de vous présenter madame de Cernay.

5.

PIERRE, stupéfait.

Eh bien!... et moi donc... moi qui avais attendu jusqu'à présent...

ADELINE, avec dépit.

Cette chère petite Thérèse mérite son bonheur... (A part, regardant Juliette.) Ça m'est égal... j'aime mieux que ce soit elle !

JULIETTE, de même.

Alphonse en sera enchanté, et moi aussi... (A part.) Ce n'est pas ma cousine qui l'épouse.

THÉRÈSE, émue.

Ah! mesdames...

PIERRE, le cœur gonflé.

C'est donc pour tout de bon, madame Thérèse... c'est donc vous qui vous mariez... et qui allez devenir grande dame.

THÉRÈSE, lui tendant la main.

Oui... mon pauvre Pierre.

PIERRE, sanglotant.

Ah! ah! j'en suis bien content.

LES VILLAGEOIS.

Amis, rassemblons le village,
Ce jour est celui d' not' bonheur.
Célébrons tous le mariage
De Thérèse et de monseigneur.

LE
PARADIS DE MAHOMET
ou
LA PLURALITÉ DES FEMMES

OPÉRA-COMIQUE EN TROIS ACTES

En société avec M. Mélesville

MUSIQUE DE KREUTZER ET KREUBÉ.

Théatre de l'Opéra-Comique. — 23 Mars 1822.

PERSONNAGES.	ACTEURS.
NATHAN.	MM. VIZENTINI.
ADOLPHE, officier français.	PONCHARD.
NADIR, officier persan.	PAUL.
ASSEM, esclave de Nathan.	LOUVET.
BALACHOU, esclave de Nadir.	FÉRÉOL.
OURS-KAN, } Tartares.	ALLAIRE.
SA-HAB,	LECLERC.
UN ESCLAVE NOIR.	—
ZÉNEYDE, fille de Nathan.	Mmes PRADHER.
ZULÉMA, } esclaves de Zéneyde.	PONCHARD.
FATMÉ,	PRÉVOST.
NYN-DIA, fiancée de Balachou.	BOULANGER.

COMMIS, ESCLAVES de Nathan. — ODALISQUES. — TARTARES.

En Perse.

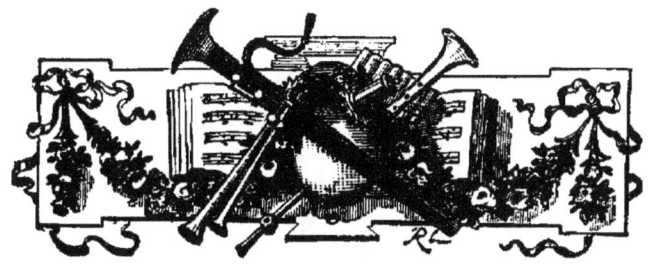

LE
PARADIS DE MAHOMET
OU
LA PLURALITÉ DES FEMMES

> Être forcé d'aimer toujours,
> De haïr donnerait envie !
> Sans passions et sans désirs,
> Sans crainte, sans espoir, sans haines,
> Une éternité de plaisirs
> Est une éternité de peines.
> CASIMIR DELAVIGNE, *Poésies inédites.*

ACTE PREMIER

Un des appartements de Nathan. — Au lever du rideau, plusieurs esclaves sont occupés à enlever des ballots de marchandises que deux commis enregistrent à mesure.

SCÈNE PREMIÈRE.

ADOLPHE, en uniforme français, à droite du théâtre, assis sur un sopha ; NATHAN, parle à ses COMMIS et à ses ESCLAVES ; UN ESCLAVE NOIR.

INTRODUCTION.
LE CHŒUR.

Dès le point du jour à l'ouvrage,
Travaillons tous avec courage
Et redoublons d'efforts.

NATHAN.

Quel état plus digne d'envie!
L'exactitude et l'industrie,
  Voilà les vrais trésors.

ADOLPHE, les regardant.

Seigneur Nathan..

NATHAN, à ses commis, désignant les ballots.

Pour la Russie...

(A Adolphe.)

Je suis à vous, seigneur Français...

(A ses commis.)

Ceux-ci pour Vienne et l'Italie...
Là, pour l'Espagne et les Anglais...
Puis ces schalls brillants pour la France...

(A Adolphe.)

Seigneur... un peu de patience...

ADOLPHE, s'étendant sur le sopha.

Oh! j'attends avec patience!...
  Oui, tout en ces lieux
  Vient charmer les yeux,
  On se croit en France!...
  Pour un commerçant,
  Quel séjour brillant!

LE CHŒUR.

Dès le point du jour à l'ouvrage,
Travaillons tous avec courage
  Et redoublons d'efforts!...
Quel état plus digne d'envie!...
L'exactitude et l'industrie,
  Voilà les vrais trésors.

UN ESCLAVE NOIR, bas à Adolphe et lui donnant un rouleau de papier.

C'est de la part de ma maîtresse...

ADOLPHE.

L'aimable fille de Nathan?...

L'ESCLAVE, bas.

Elle est dans la tristesse.

ADOLPHE.
Dans la tristesse ?...
L'ESCLAVE.
Au destin fâcheux qui l'attend
Que votre bonté s'intéresse...
ADOLPHE.
Comment...
L'ESCLAVE.
Chut !... chut !... soyez discret
Et gardez-nous bien le secret...
ADOLPHE.
Mais...
L'ESCLAVE.
Lisez... et soyez discret...
(Il s'échappe.)
ADOLPHE, à lui-même en souriant.
Oh ! je devine son secret...
(Il va pour décacheter le papier.)
NATHAN, venant près de lui.
Seigneur Français, de l'indulgence !
Encore un peu de patience...
ADOLPHE, avec intention et regardant le billet en dessous.
J'ai de quoi prendre patience;
Tout en ces lieux
Charme les yeux...
LE CHŒUR.
Dès le point du jour à l'ouvrage, etc.
(A partir de ce moment Nathan ne quitte plus Adolphe, de manière que celui-ci ne peut lire le billet que l'esclave lui a remis.)
ADOLPHE, se levant.
Eh bien ! mon cher, aurez-vous bientôt fini avec vos ballots et vos marchandises ?
NATHAN.
Je suis à vous, seigneur Français... vous n'ignorez pas

combien j'ai de respect pour vous et pour tous les officiers attachés à l'ambassade... (Aux esclaves.) Prenez donc garde de rien abimer!... (A Adolphe.) Ce sont des tapis de notre pays que j'expédie pour la Pologne et l'Allemagne, et vous savez...

ADOLPHE.

Oui, je sais que vous êtes négociant, cela suffit ; mais comme je venais vous parler d'affaires...

NATHAN.

Asseyez-vous donc !... je vous en prie... Holà, quelqu'un !... Vous prendrez bien des rafraîchissements?

ADOLPHE.

Volontiers, si vous me tenez compagnie.

NATHAN.

Que vous offrirai-je?... du café... des sorbets... de l'opium ?...

ADOLPHE.

De l'opium... fi donc !... C'est l'usage le plus extravagant. Vous autres Persans ou Turcs, ne connaissez que votre opium; c'est ce qui vous rend lourds et pesants... c'est le thé des Anglais! (Prenant la bouteille d'opium et la mettant sur un meuble à côté.) Retranché pour aujourd'hui... Nous aimons ce qui inspire l'esprit et la gaieté... Du vin de France, par exemple...

NATHAN.

Je n'en ai pas une seule bouteille chez moi...

ADOLPHE.

J'aurais dû m'en douter... Allons, je me contenterai de ce sorbet... Je vous disais donc, seigneur Nathan... (Prenant du sorbet.) A propos... vos petites esclaves... à qui je donne des leçons de danse et de musique... comment vont-elles?... Savez-vous qu'elles ont des dispositions... et que nous en ferons quelque chose !

NATHAN.

Oui!... mais vous disiez tout à l'heure... Est-ce que les

Français se disposeraient à partir? C'est que, voyez-vous, cela aurait fait hausser les cachemires... à cause des commandes...

ADOLPHE.

Allons donc!... Est-ce que vous n'êtes pas contents de nous par hasard?... Depuis un mois que nous sommes à Ispahan... pour discipliner vos troupes et les exercer, ne nous en sommes-nous pas acquittés en conscience?... Droite... gauche..., pas accéléré!... nous vous faisons manœuvrer l'infanterie persane... à la française... Et avant qu'il soit deux mois... vous aurez appris gratis à vous battre... c'est quelque chose... il y en a à qui nous avons fait payer nos leçons plus cher!...

NATHAN.

Sans contredit... mais ne puis-je savoir... quel était le sujet important pour lequel vous venez aujourd'hui de si bonne heure?...

ADOLPHE.

Comment... est-ce que je ne l'ai pas dit?...

NATHAN.

Du tout... voilà une heure que nous causons sans que vous ayez abordé la question.

ADOLPHE, riant.

Vraiment?... c'est impayable... et j'en rirai longtemps... Imaginez-vous, mon cher, qu'il y a un très-grand danger qui vous menace... ils sont dans les environs une bande de Tartares mandchoux... ou de Baskirs, ou de Cosaques... tout cela c'est de la même famille, qui depuis quelques jours se sont avisés de ravager le pays, et comme cette maison de campagne était un peu isolée, je venais vous avertir... Eh bien! qu'est-ce que vous avez donc? vous changez de couleur.

NATHAN.

Ce n'est pas pour moi...

ADOLPHE.

J'entends bien... votre famille...

NATHAN.

Non, mon ami... mais mes marchandises, mes tapis de Perse... et en outre, une caravane que j'attends de Kazan... deux cents chameaux richement chargés ! des laines du Thibet... première qualité... Si encore ces Tartares avaient les moindres notions du commerce... si en leur abandonnant un pour cent pour droit de commission... Je vous en prie, seigneur Français, ne riez pas comme cela... là, sérieusement, croyez-vous qu'il y ait du danger ?...

ADOLPHE.

Eh ! sans doute ! par votre faute... vous avez l'imprudence de gagner tous les jours des sommes immenses, vous vous avisez d'être plus riche à vous seul que tous les nababs de l'Inde... Je ne vous parle pas de ce palais, de ce temple magnifique, de ces jardins enchantés ! à voir le luxe qui brille ici, on ne sait si l'on est chez un marchand ou chez un prince !...

COUPLETS.

Premier couplet.

Sous ces ombrages toujours frais,
D'un charme heureux l'âme est ravie,
Et tous les trésors de l'Asie
Sont réunis en ce palais...
D'un œil d'envie on les regarde,
Je connais plus d'un amateur...
Ah ! prenez garde, prenez garde,
Il vous arrivera malheur !

Deuxième couplet.

Plus belle que le plus beau jour,
Plus fraîche que la fleur naissante,
Votre fille, aimable et charmante,
Fait un temple de ce séjour.
D'un œil d'amour on la regarde,

Je connais plus d'un amateur...
Ah! prenez garde, prenez garde,
Il vous arrivera malheur!

Vous m'avouerez que tous ces trésors-là peuvent tenter bien des gens!... Moi j'en connais qui ne sont ni Tartares, ni Cosaques, et qui s'en accommoderaient bien!...

NATHAN.

Il me tarde de voir ma fille établie, et si je connaissais seulement quelqu'un qui fût aimé d'elle...

ADOLPHE, souriant.

N'y a-t-il que cet obstacle-là qui vous arrête?... (Lui donnant le billet qu'il vient de recevoir.) Tenez et lisez...

NATHAN.

Que vois-je? le cachet de ma fille...

ADOLPHE.

Je n'ai point lu encore ce billet, puisqu'on vient de me le remettre... Mais si vous voulez que je vous le dise, je me doute du contenu... et voilà pourquoi je désire que ce cachet soit rompu par une main paternelle... Sont-ce là des procédés!

NATHAN.

En vérité je ne reviens pas de ma surprise.

ADOLPHE.

Allez... je vous écoute...

NATHAN, lisant.

« Seigneur Français,
« Ma démarche va vous paraître bien hardie, mais j'ai
« toujours entendu vanter votre générosité... »

ADOLPHE.

C'est charmant...

NATHAN.

« Pendant le dernier voyage que fit mon père vers les con-
« fins de la Tartarie, moi et mes femmes restâmes renfer-

« mées dans Kazan, et le jour où cette ville fut prise par les
« Russes, ce fut un de mes compatriotes, un officier des
« gardes du Sophi, qui nous sauva et l'honneur et la vie... »

ADOLPHE.

Hein!... qu'est-ce que c'est que cela?... un officier...

NATHAN, continuant.

« Depuis, je ne l'ai pas revu... J'ignore s'il n'a pas été
« victime de son courage... vous seul pouvez vous informer
« de son sort... vous êtes trop généreux vous-même pour
« blâmer l'excès de ma reconnaissance... Mais d'autres
« peut-être pourraient l'interpréter différemment; ainsi, je
« vous en supplie, n'en parlez ni à mon père ni à personne
« au monde; je m'en rapporte là-dessus à la prudence et à
« la discrétion bien connues des personnes de votre na-
« tion... »

ADOLPHE, à part.

Ah! mon Dieu... qu'est-ce que j'ai fait là !

NATHAN.

Par Mahomet!... j'en apprends de belles!...

ADOLPHE.

Un instant!... vous n'êtes pas censé avoir lu ce billet...
(A part.) Ai-je du malheur! on me relègue dans les confi-
dents, et je ne peux pas même tenir l'emploi convenable-
ment... (Haut.) C'est votre fille elle-même.

SCÈNE II.

LES MÊMES; ZÉNEYDE.

ADOLPHE.

Venez, belle Zéneyde, venez m'aider à défendre votre
cause auprès d'un père indiscret...

ZÉNEYDE.

O ciel!... que dites-vous? Vous auriez confié à mon père...

ADOLPHE.

Du tout... vous ne me connaissez pas!... C'est lui-même qui s'est permis de lire... Enfin, il sait tout... ainsi vous pouvez être tranquille... ce n'est peut-être pas lui qui a le plus à se plaindre de l'aventure, mais mon parti est pris, je me contenterai de la seconde place... je resterai l'ami de la maison.

NATHAN.

Ah! c'est la seconde place?

ADOLPHE.

Quelquefois dans mon pays c'est la première... Mais ici j'ai abandonné toutes les prérogatives, et je me contente d'être médiateur désintéressé... (A Zéneyde.) Allons, charmante Zéneyde, parlez sans crainte, parlez-nous de cet aimable officier... moi, d'abord, je suis là pour défendre ses intérêts.

NATHAN.

Oui, mon enfant, calme-toi... tu peux nous confier tous les détails de cette aventure.

ZÉNEYDE.

AIR.

Au milieu du carnage,
Un farouche vainqueur
Présente à ma frayeur
La mort ou l'esclavage...
En cet instant affreux,
Sans défense,
Sans espérance,
Pour échapper au Russe audacieux,
Dont vainement j'implorais la clémence,
J'allais me frapper à ses yeux!
Soudain un cri de guerre
S'élève et fait battre mon cœur...
Oui, dans sa bonté tutélaire,
Le ciel nous envoie un sauveur...
Ah! si vous l'aviez vu, mon père,
Ce héros, ce libérateur...

Ensemble.

NATHAN.

Honneur, honneur à son courage !
Ah ! je l'aimerais, je le sens.
Mais ce jeune héros, je gage,
N'est pas né parmi des marchands.

ZÉNEYDE, à part.

Combien je bénis son courage !
Son souvenir trouble mes sens ;
Et dans mon âme, je le gage,
L'amour grave ses traits touchants.

ADOLPHE.

Honneur, honneur à son courage !
Déjà je l'aime, je le sens.
Ah ! quel regret, ah ! quel dommage
Qu'il ne soit pas né dans nos rangs !

ZÉNEYDE.

Loin du combat, tremblante, évanouie,
Il m'emportait auprès des siens...
Et quand je revins à la vie,
Ses doux regards semblaient chercher les miens !
Pressant contre son cœur, d'une main affaiblie,
Mon bracelet, teint de son sang, hélas !...
Adieu, dit-il, adieu, ma douce amie,
Mon cœur à toi, mes jours à ma patrie !
Il s'éloigne à ces mots et retourne aux combats.

Ensemble.

ADOLPHE.

Honneur à l'amour qui le guide !
Déjà je l'aime, je le sens ;
A la fois galant, intrépide,
Il devait naître dans nos rangs.

NATHAN.

Honneur à l'amour qui le guide !
Je l'aimerais plus, je le sens,

Si cet officier intrépide
Était né parmi des marchands.

ZÉNEYDE, à son père.

Pardonnez l'amour qui me guide ;
De mon souvenir, je le sens,
Mon libérateur intrépide
Ne peut s'éloigner de longtemps.

ADOLPHE.

C'est un brave... c'est un digne jeune homme qui sert dans les gardes du Sophi... Nous arrangerons cette affaire-là... (A Nathan.) Vous le voyez, mon cher, voilà justement ce qui vous convient... Vous n'avez qu'un défaut, c'est de gagner trop d'argent et de n'en pas mettre assez en circulation ; avec un gendre comme celui-là... jeune, aimable, brillant, vous ferez une excellente maison de commerce... un négociant et un officier, c'est la recette et la dépense.

NATHAN.

Vous n'y êtes pas... tous ces officiers de la garde du Sophi sont de grands seigneurs qui croiraient m'honorer beaucoup en mettant mes sequins dans leurs coffres et ma fille dans leur sérail... je ne veux pas de cela! Que nos lois et nos usages permettent aux grands de l'empire de se marier tous les mois, rien de mieux! Mais de simples commerçants tels que nous doivent se contenter d'une femme, c'est bien assez, je n'en ai jamais eu qu'une en ma vie... ma chère Kouroutbé... et je n'ai jamais eu l'envie d'en prendre une seconde.

SCÈNE III.

Les mêmes ; ASSEM.

ASSEM.

Seigneur, deux étrangers sont à la porte de la première enceinte et demandent l'hospitalité ; ils prétendent qu'à une demi-lieue d'ici ils ont été arrêtés par des Tartares, qui probablement leur auront enlevé leur argent, ou leurs marchandises...

ZÉNEYDE.

Ah! mon Dieu!

ADOLPHE.

Quand je vous disais que ces gaillards-là font aussi le commerce...

NATHAN.

Mais ces deux étrangers... si c'étaient des maraudeurs déguisés! (A Assem.) Amène-les moi... je ne serais pas fâché de les interroger. (A Adolphe.) Je vois que vos craintes n'étaient que trop fondées, et ma caravane qui est en route!... Mahomet! que vont devenir mes chameaux?...

ADOLPHE.

Eh bien! ne vous gênez pas, prenez une escorte et allez au-devant de vos gens...

NATHAN.

Oui... mais laisser ainsi mes foyers...

ADOLPHE.

Ne vous inquiétez donc pas!... puisque je reste ici avec ces dames; d'ailleurs j'ai aussi un envoi à surveiller, vous savez bien, ces cachemires, ces étoffes de Perse, que je fais passer à Paris, à mes correspondantes, et que par parenthèse, mon cher hôte, vous me faites payer bien cher!...

NATHAN.

Je vous jure, par la jument du prophète, que j'y mets du mien...

ADOLPHE.

Vous y mettez du vôtre... c'est cela, ils sont tous les mêmes : le pays n'y fait rien; j'ai idée d'avoir entendu cette phrase-là rue Saint-Denis!... Adieu... je vais à vos magasins.

(Il sort.)

SCÈNE IV.

NATHAN, ZÉNEYDE, qui baisse son voile, NADIR et BALACHOU, conduits par ASSEM.

ASSEM, et PLUSIEURS ESCLAVES, à Nadir.
En ces lieux, jeune étranger,
Vous pouvez entrer sans crainte;
Vous êtes, dans cette enceinte,
A l'abri de tout danger.

NADIR, à Nathan.
Toi qui sans doute es le maître
De cet asile enchanté,
Dis-moi... comment reconnaître
Ta noble hospitalité?

ZÉNEYDE.
Quelle voix frappe mon oreille!
(Regardant à travers son voile.)
Ciel!... dois-je en croire mes yeux?

NADIR, parlant toujours à Nathan.
Oui, seigneur... vos soins généreux...
(Apercevant Zéneyde.)
Eh! mais quelle est cette merveille?
(A Balachou.)
Vois donc ces contours gracieux.

BALACHOU, bas à Nadir.
Allons, encor quelque folie!

NADIR, regardant toujours Zéneyde.
Oh! ce doit être une beauté!

BALACHOU.
Quoi, déjà votre cœur oublie
Les droits de l'hospitalité!

Ensemble.

NADIR.

D'une ivresse inconnue,
Oui, mon âme est émue.
Je sens, en la voyant,
Que le bonheur m'attend
Dans ce séjour charmant.

ZÉNEYDE.

D'une crainte inconnue,
Oui, mon âme est émue.
Je sens, en le voyant,
Que c'est de cet instant.
Que mon bonheur dépend.

NATHAN, regardant Nadir.

D'une ivresse inconnue,
Oui, son âme est émue...
Comme il paraît tremblant!
Quel trouble en la voyant!
Soyons, soyons prudent.

BALACHOU, regardant son maître.

D'une ivresse inconnue,
Oui, son âme est émue...
Ah! quel cœur inconstant!...
Son naturel galant
L'entraîne à chaque instant!...

NATHAN.

Pour vous reposer un moment,
Souffrez qu'en cet appartement
Cet esclave vous guide.

BALACHOU.

Quelque chose de plus solide
Nous vaudrait mieux assurément.

NATHAN.

J'entends.
    (A Assem.)
Qu'on les serve à l'instant.

BALACHOU.

D'ailleurs on se repose à table.
A ce festin je suis capable
Pour tous les deux de faire honneur.
Car j'ai la soif d'un voyageur
Et j'ai l'appétit du malheur!

Ensemble.

NADIR.

D'une ivresse inconnue,
Oui, mon âme est émue.
Je sens, en la voyant,
Que le bonheur m'attend
Dans ce séjour charmant.

ZÉNEYDE.

D'une crainte inconnue,
Oui, mon âme est émue!
Je sens, en le voyant,
Que c'est de cet instant
Que mon bonheur dépend.

NATHAN.

D'une ivresse inconnue,
Oui, son âme est émue...
Comme il paraît tremblant!
Quel trouble en la voyant!
Soyons, soyons prudent.

BALACHOU.

D'une joie inconnûe,
Ah! mon âme est émue!
Je sens, en y pensant,
Que mon destin dépend
De ce repas charmant.

NATHAN, à Nadir.

Puis-je savoir maintenant qui tu es?

ZÉNEYDE, à part.

Écoutons.

NADIR.

J'étais soldat... j'ai quitté le service et j'allais chercher fortune ailleurs avec ce pauvre diable, autrefois mon esclave, et maintenant mon camarade, lorsque nous sommes tombés dans un détachement de Tartares... qui nous ont demandé notre bourse, et qui je crois ont été plus attrapés que nous...

BALACHOU.

Étaient-ils en colère!... Il y en avait deux surtout... il semblait qu'on aurait dû se munir d'argent exprès pour eux... nous, ce n'est pas notre habitude.

NATHAN.

Leur bande était-elle nombreuse ?

NADIR.

J'en ai compté une douzaine, qui n'auraient pas tenu devant nous, si nous avions eu des armes.

BALACHOU.

Mais nous n'en avions pas, heureusement pour eux...

NATHAN.

C'est bien... il suffira d'une vingtaine de mes gens... pour protéger l'arrivée de ma caravane... Adieu... je m'absente pour quelques heures, mais j'espère vous trouver encore à mon retour... Viens, ma fille.

ZÉNEYDE.

Oui, mon père... je vous suis... (A part.) Oh! oui, c'est bien lui ; ne pas savoir quelles sont ses idées... ses sentiments! (Regardant le cabinet à droite.) Si l'on pouvait, sans être aperçue...

NATHAN.

Eh bien! ma fille, viens-tu?

ZÉNEYDE.

Je suis à vous...

NATHAN, à Nadir et à Balachou.

Que le prophète veille sur vous et vous tienne en joie.

(Il sort avec sa fille.)

SCÈNE V.

NADIR, BALACHOU.

NADIR, regardant Zénéyde qui s'éloigne.

Ah! mon ami... mon cher Balachou, regarde donc cette taille, cette démarche élégante... malgré son voile, je parie que cette femme est charmante!...

BALACHOU.

Eh bien! ne voilà-t-il pas encore votre imagination qui va courir le galop! Il semble que vous alliez au-devant des catastrophes... Hier, ce palanquin où vous avez jeté un regard indiscret...

NADIR.

C'était une Circassienne si jolie...

BALACHOU.

C'est vrai! mais l'escorte qui l'entourait!... Je ne sais pas comment nous avons pu échapper à leurs sabres incivils; et l'autre semaine n'avons-nous pas escaladé les murs d'un harem, pour un œil bleu que vous aviez entrevu à travers une jalousie... je me souviens encore de la chasse que nous ont donnée ces vilains eunuques noirs.

NADIR.

Oui, je suis le plus malheureux des hommes... je ne connais rien au monde de plus aimable, de plus séduisant que les femmes... je ne vis, je ne respire que pour elles... et le ciel me fait naître dans un pays où il est impossible d'en apercevoir une... partout des voiles, des grilles, des verrous...

BALACHOU.

Et des eunuques noirs!... Oui, seigneur, c'est un pays qui ne nous vaut rien.

NADIR.

Il ne serait supportable... qu'autant qu'on serait riche... très-riche... qu'on aurait un sérail, des femmes...

BALACHOU.

A la bonne heure! mais nous n'avons rien... votre père vous avait laissé une fort jolie fortune, et en deux mois elle a été mangée en Circassiennes et en Géorgiennes; c'étaient là vos seules dépenses.

NADIR.

Comme elles étaient jolies!... cette petite Fatmé... cette belle Zuléma... te souviens-tu?

BALACHOU.

Oui, seigneur Nadir... mais, de grâce, n'y pensons plus! N'ayant plus rien à perdre, vous vous mettez militaire et, marchant sur les traces de votre ancêtre, le fameux Ismaël Ben Nadir... vous étiez déjà officier dans les gardes du Sophi... lorsque les femmes viennent encore se jeter à la traverse! Il faut qu'au siége de Kazan, une belle inconnue, à qui vous sauvez la vie, vous fasse perdre la tête et votre place... vous donnez votre démission, vous abandonnez tout pour courir après elle...

NADIR.

Ah! celle-là, quelle différence!... Songe donc que je l'aime, que je l'adore... qu'il ne me reste d'elle que ce bracelet, qui ne me quittera jamais; les extravagances dont tu me parlais tout à l'heure... c'est elle qui en est cause... c'est pour elle que j'ai escaladé plus de vingt sérails... je crois la voir partout!... Une jolie voix, une jolie taille, tout me la rappelle, et ici même en entrant, rien que l'aspect de cette jeune fille a produit sur moi une émotion!... Il n'y a rien de perfide comme ces voiles... ça laisse carrière à l'imagination, et sur-le-champ on se représente... de sorte que pensant toujours à elle comme je le fais... je ne peux pas voir une femme sans en devenir amoureux... c'est désolant...

dis toi-même, Balachou, connais-tu quelqu'un de plus malheureux?...

BALACHOU.

Oui, seigneur : c'est moi...

NADIR.

Tu vas encore me parler de cette petite Nyn-Dia.

BALACHOU.

Certainement, chacun son tour... cette pauvre Nyn-Dia, dire qu'elle est tout près d'ici, chez Sindbab, ce marchand d'esclaves... Mais voyez l'infamie, et comme tout augmente à présent... on n'a pas honte d'en demander deux cents pièces d'or... une petite femme pas plus haute que cela...

NADIR.

Deux cents pièces d'or!... (Soupirant.) Tu as raison... et nous voilà tous les deux dans la même position... Beaucoup d'amour et pas de maîtresse... Ah! si tu voulais... pour une que nous perdons, il ne tiendrait qu'à nous d'en retrouver cent. Amours, plaisirs, richesses... tout serait à notre disposition, mais pour cela il faut de la tête et du cœur.

BALACHOU.

Je vous vois venir encore avec votre maudit projet! c'est une de ces idées folles que vous a inculquées votre gouverneur... ce vieux derviche qui vous a élevé!

NADIR.

Tu es dans l'erreur... c'était un homme d'un grand mérite... un bon musulman... et grâce à ses leçons, que je n'ai point oubliées, il ne tient qu'à moi d'avoir le plus joli sérail du monde.

BALACHOU, effrayé.

Quoi! sérieusement... vous voudriez...

NADIR.

Oui, mon ami, quitter ce pays maussade et aller dans le paradis du prophète... dans ces jardins célestes, où tous les plaisirs nous attendent...

BALACHOU, plus effrayé.

Comment! nous tuer?... par partie de plaisir.

NADIR.

Précisément...

BALACHOU.

Mais vous n'y pensez pas!

NADIR.

C'est toi, au contraire, qui ne veux pas réfléchir... Songe donc, que de femmes charmantes!... Des Géorgiennes, des Circassiennes, des Françaises... car il y a de tout parmi les houris, et tu verras que... Mais silence... on vient!

SCÈNE VI.

Les mêmes; ASSEM.

Seigneurs étrangers, on a exécuté les ordres de mon maître... et vous trouverez dans la salle voisine le repas qu'il vous a fait préparer...

NADIR.

À merveille... je me sens disposé à y faire honneur, car jamais je n'ai été plus gai, plus heureux... Viens, nous causerons à table de notre projet.

BALACHOU.

De notre projet... c'est-à-dire de votre projet... ne confondons pas.

NADIR.

Eh! viens, te dis-je!... Je me charge de te convaincre.

(Ils sortent par la gauche.)

SCÈNE VII.

ZÉNEYDE, qui entr'ouvre la porte du cabinet à droite.

Ah! mon Dieu, que viens-je d'entendre! Quelle résolution!... Comment m'y opposer?... Que j'ai bien fait d'écouter!... le vilain caractère, adorer toutes les femmes!... Il est vrai qu'il me fait l'honneur de me comprendre dans le nombre, mais enfin, ce n'est pas pour moi qu'il veut perdre la vie... si c'eût été là le motif de son extravagance... je ne dis pas... peut-être aurais-je vu si je pouvais lui pardonner. Mais l'ingrat... le perfide!... oh! c'est fini... je ne veux plus y penser, je ne veux plus l'aimer; mais encore faut-il le sauver... Et mon père qui vient de partir...

SCENE VIII.

ZÉNEYDE, ADOLPHE.

ZÉNEYDE.

Ah! seigneur Français, je n'ai d'espoir qu'en vous...

ADOLPHE.

Qu'y a-t-il donc?

ZÉNEYDE.

Ah! je suis bien malheureuse! Celui que j'aime, c'est-à-dire que j'aimais, est ici.

ADOLPHE.

Il n'y a pas de quoi se désoler...

ZÉNEYDE.

Oui... mais si vous saviez... Silence! c'est son esclave.

SCÈNE IX.

Les mêmes; BALACHOU.

BALACHOU.

Excusez, madame... et vous, seigneur, si je prends la liberté de vous interrompre, pour vous faire part d'un événement assez bizarre... j'ai un maître...

ZÉNEYDE.

Est-ce qu'il lui serait arrivé quelque chose?

BALACHOU.

Lui, du tout!... il vient de se mettre à table... où il n'engendre pas de mélancolie, car il rit, boit et chante à la fois... mais la tête déjà échauffée par les fumées du vin, et dans le désir de contempler plus tôt les houris du prophète... il lui est survenu une idée, que vous trouverez peut-être singulière... il m'a ordonné, sous peine d'être assommé, d'aller lui chercher de l'aconit, ou de l'essence de mancenillier.

ZÉNEYDE.

Un breuvage qui doit lui donner la mort... et tu irais!

BALACHOU.

Je n'en ai pas la moindre envie; mais d'un autre côté, il me répugne d'être assommé, et c'est pour concilier tout cela que je me suis avisé d'une idée dont l'exécution dépend de vous.

ZÉNEYDE.

Parle! ce serait?...

BALACHOU.

De me faire donner une excellente bouteille de vin de Schiraz, qu'il avalera comme si de rien n'était; après cela, l'envie lui en passera.

ADOLPHE.

Voilà le modèle des serviteurs.

BALACHOU.

Tâchez que ce soit du meilleur, je vous en prie .. j'y tiens d'autant plus qu'il veut absolument que nous trinquions.

ADOLPHE, souriant.

Ah! il voulait...

BALACHOU.

Oui... vous ne lui ôteriez pas cela de la tête... ce qui maintenant n'offrira plus d'inconvénients... mais vous sentez que de l'autre manière cela pouvait en présenter de très-grands!

ZÉNEYDE.

C'est bon... (Appelant.) Holà! quelqu'un... (Un esclave entre. — A Balachou.) Va le retrouver... je vais vous faire servir ici les fruits et le vin de Schiraz que tu me demandes... (L'esclave sort.) Et si je suis contente de toi... si tu nous sers avec zèle... je sais les moyens de te récompenser...

BALACHOU.

Moi, madame?

ZÉNEYDE.

Oui... il y a près d'ici une petite esclave dont deux cents pièces d'or te rendraient possesseur... Je vais donner ordre de la faire venir.

BALACHOU.

Comment?

ZÉNEYDE.

Oui, cette petite Nyn-Dia.

BALACHOU.

Comment! vous savez! il serait possible...

ZÉNEYDE, l'interrompant.

C'est bon... c'est bon!...

(Balachou sort.)

SCÈNE X.

ZÉNEIDE, ADOLPHE.

ZÉNEYDE.

Vous le voyez... voilà ce que je craignais de vous apprendre...

ADOLPHE.

Je n'en reviens pas... se tuer par amour pour les femmes !

ZÉNEYDE.

Et ce qui est bien plus affreux encore... par amour pour les femmes en général.

ADOLPHE.

Voyez pourtant comme les meilleures choses peuvent conduire à des excès. Attendez donc... une idée qui me vient... Votre père est absent... nous sommes maîtres de la maison... vos jeunes esclaves nous sont dévouées... et pourront nous aider...

ZÉNEYDE.

Oui... toutes excepté deux de mes femmes : Fatmé et Zuléma, que le perfide a adorées autrefois, et que je ne veux pas qu'il revoie.

ADOLPHE.

Au contraire... ce seront celles-là dont le secours nous sera le plus utile... Soyez tranquille, j'ai là mon plan... et je me charge de tout... Commençons par le plus pressé... (Il prend la bouteille d'opium qu'il a éloignée à la première scène, et la place sur la table où les esclaves ont déjà mis du sorbet.) Et d'abord, ce flacon d'opium ; je les entends... venez maintenant, je vais tout vous expliquer.

(Ils sortent.)

SCÈNE XI.

BALACHOU, NADIR, entrant d'un autre côté.

BALACHOU.

Oui, seigneur, j'ai exécuté vos ordres, et puisque vous le voulez absolument, vous trouverez là... (A part, regardant la bouteille d'opium.) A merveille... voilà le vin de Schiraz que l'on m'a promis.

NADIR.

C'est bien, prenons place !

FINALE.

Du vin la vapeur fumante
Vient d'échauffer mes esprits.
Déjà le ciel se présente
A mes regards éblouis.
(Remplissant une coupe.)
O Mahomet ! je bois à tes houris,
A leur beauté toujours nouvelle ;
C'est la volupté qui m'appelle
En ton céleste paradis !...
O Mahomet ! je bois à tes houris !

(Il boit plusieurs coups.)

BALACHOU, à part.

Mais il en prend en conscience !
C'est du Schiraz, première qualité !
Je n'en ai jamais bu, je pense,
Et je serais assez flatté
De faire ici sa connaissance !

NADIR, le regardant.

Eh bien ! tu crains de m'imiter,
Poltron !...

BALACHOU.

Vous ne connaissez guère

Mon âme généreuse et flère !
J'ai pu vouloir vous arrêter,
Mais je ne veux pas vous survivre,
Et mon devoir est de vous suivre !

NADIR, étonné.

Que dis-tu ?... jamais, en honneur,
Je ne t'aurais cru tant de cœur !

BALACHOU.

J'en ai... quand il le faut, seigneur.

NADIR.

O magnanime serviteur !
O dévoûment trop admirable !

BALACHOU, prenant la bouteille.

Donnez... je crains peu le danger,
Et c'est un trépas honorable
Qu'avec vous je veux partager !

(Il se verse un verre qu'il tient élevé.)

Voyez plutôt... si ma main tremble !

NADIR.

C'est bien !... très-bien, buvons ensemble !

NADIR et BALACHOU.

O Mahomet ! je bois à tes houris !
A leur beauté toujours nouvelle !
C'est la volupté qui m'appelle
En ton céleste paradis...
O Mahomet ! je bois à tes houris !

BALACHOU, après avoir bu.

Eh ! mais !... à ce divin breuvage...
Je trouve un goût bien singulier...

NADIR, voulant lui verser encore.

Allons ! le flacon tout entier !

BALACHOU.

Non pas... c'est assez de courage !
Eh ! mais qu'avez-vous donc, seigneur ?

(Avec effroi.)
Vos yeux s'appesantissent.

NADIR, avec joie.
Ah ! quel bonheur !

BALACHOU.
Vos genoux fléchissent.

NADIR, avec enthousiasme.
Ineffable douceur !...

BALACHOU, tremblant.
J'en conçois des frayeurs mortelles.

NADIR, de même.
O Mahomet ! tu m'appelles.

(Il s'assied sur le sopha.)

BALACHOU, à Assem qui vient d'entrer.
De grâce, dites-moi, seigneur,
N'auriez-vous pas fait quelqu'erreur ?

ASSEM.
De ma maîtresse, en serviteur docile,
J'ai rempli l'ordre souverain.
Vous vouliez un poison soudain !...

BALACHOU, hors de lui.
Au contraire !... oh ! l'imbécile !
Nous étions convenus...

ASSEM.
Oui, mais elle a pensé
Que le seigneur Nadir se fâcherait peut-être ?
Que c'était le tromper... car enfin il est maître
De mourir s'il le veut !

BALACHOU.
Tout mon sang s'est glacé !
Je suis perdu ! maudit breuvage !...
(A Nadir d'un air désespéré.)
C'est fait de nous... mon maître.

NADIR, qui a pris une longue pipe et qui fume les yeux à moitié fermés.

Je le sais.
Réjouis-toi ! tes vœux sont exaucés.

BALACHOU.

Par Ali ! c'est ce dont j'enrage !

NADIR.

Eh bien ! où donc est ton courage ?
Allons, allons trouver le paradis
Et le prophète et les houris.

(On entend une musique villageoise.)

SCÈNE XII.

Les mêmes; NYN-DIA, plusieurs Jeunes Filles; puis ZÉNEYDE, ADOLPHE et des Esclaves.

BALACHOU.

Grands dieux ! quelle surprise extrême !
N'est-ce pas là celle que j'aime,
Nyn-Dia !

NYN-DIA.

C'est moi-même !

BALACHOU.

Elle vient assister à mon dernier moment.

NYN-DIA.

Si tu savais quel bonheur nous attend !
Apprends qu'une main généreuse
Vient tous deux de nous secourir.
Je suis libre... je suis heureuse,
Rien ne peut plus nous désunir.
De plus on a daigné m'apprendre
Où je pourrais te rencontrer !
Pour la noce je viens te prendre,
Allons... il faut te préparer.

TOUS.

Oui, venez, venez, de la fête
La pompe déjà s'apprête !

BALACHOU, s'affaiblissant.

Dieux ! quel tourment !
Ah ! le bonheur m'arrive en un fâcheux moment !
Nyn-Dia, ma douce amie,
Il faut renoncer à te voir !
En cet instant perdre la vie,
Ah ! j'en mourrai de désespoir !

Ensemble.

ADOLPHE, ZÉNEYDE et LES ESCLAVES, groupés dans le fond.

Avançons en silence,
Ne craignez rien, tout ira bien.

NADIR.

Ah ! mon bonheur commence !
Quel heureux sort sera le mien !

BALACHOU.

Ciel ! faut-il perdre l'existence
Au moment d'un si doux lien ?

NYN-DIA et LE CHOEUR villageois.

Eh ! quoi ! tu perdrais l'existence
Au moment d'un si doux lien !

NADIR, s'endormant.

O Mahomet !... je vais voir tes houris
Et leur beauté toujours nouvelle.
C'est la volupté qui m'appelle
En ton céleste paradis !...

Ensemble.

LE CHOEUR au fond, à demi-voix.

O Mahomet !... ses yeux sont affaiblis ;
Ah ! dans ton sein reçois ton noble fils...

BALACHOU.

O Mahomet !... mes yeux sont affaiblis,

Et malgré moi je vais en paradis.

(Nadir s'endort étendu sur le canapé, Balachou désespéré est à ses genoux ; il fait tous ses efforts pour le rappeler à la vie, il repousse Nyn-Dia. Adolphe, Zéneyde et les esclaves sont derrière eux et se font des signes d'intelligence.)

ACTE DEUXIÈME

L'intérieur des jardins du palais de Nathan. — Au fond, des cascades s'élancent de différents côtés, et forment un canal chargé de riches gondoles; des bouquets d'arbustes, couverts de fleurs, garnissent la gauche des spectateurs; à droite, la façade d'un temple magnifique; sur les marches de l'entrée de ce temple, des trépieds d'agathe et de porphyre, des cassolettes d'or, ornées de pierres précieuses, dans lesquelles on brûle de l'aloës et des parfums.

SCÈNE PREMIÈRE.

NADIR, endormi sur un banc de fleurs, FEMMES de Zéneyde vêtues en houris.

(Au lever du rideau, différents groupes de houris sont disposés sur le théâtre; les unes tiennent des harpes ou des théorbes; d'autres tressent des guirlandes de fleurs et préparent des corbeilles de fruits; les plus jeunes forment des danses en versant des parfums dans les cassolettes.)

LE CHOEUR.
Gloire à toi, céleste séjour,
Du prophète divin empire!...
C'est dans ton sein que l'on respire
Pour le bonheur et pour l'amour.

NADIR, s'éveillant.
Quel prestige!... suis-je en effet dans les demeures éternelles où le prophète admet ses favoris?

SCÈNE II.

Les mêmes ; ADOLPHE, habillé à l'orientale, robe et turban couverts de pierreries ; il sort du temple et paraît devant Nadir, qui s'arrête étonné.

ADOLPHE.
Tu ne te trompes pas... Mahomet a daigné t'appeler à lui.
NADIR.
Que vois-je? serait-ce le prophète lui-même?...
ADOLPHE, souriant.
Non, non, rassure-toi... Je ne suis qu'un de ses premiers serviteurs... un fidèle musulman, qui t'a précédé ici de quelques centaines d'années, et qui, en qualité d'ancien habitant du paradis, est chargé de t'en faire les honneurs.
NADIR.
Ah! vous me rendez un vrai service, car je suis un peu étourdi du voyage et j'ai peine à rassembler mes idées... mais comment ai-je mérité votre intérêt et le soin que vous allez prendre?
ADOLPHE.
Nous ne sommes point étrangers l'un à l'autre... on me nommait sur terre : *Ismaël Ben Nadir...*
NADIR, vivement.
Quoi! ce célèbre Ismaël, ce jeune héros qui battit les Tartares et qui mourut au milieu de ses triomphes... cet Ismaël enfin dont on m'a si souvent raconté les exploits et que nous nous glorifions de compter parmi nos ancêtres...
ADOLPHE.
C'est moi-même...
NADIR.
Ah! mon cher aïeul, que je suis enchanté!... Au fait, je

n'y pensais pas, je vais retrouver une foule de parents que je n'ai jamais connus... Et, dites-moi, les plaisirs que l'on goûte en ces lieux sont-ils aussi vifs, aussi variés que mon imagination me les représente ?... Car, je ne vous le cache pas, je n'ai quitté la terre que pour cela.

ADOLPHE.

Sois tranquille, tu vas connaître ces plaisirs célestes dont les hommes n'ont qu'une faible idée; ces jardins, ce palais, tout ce que tu vois est à toi.

NADIR.

Tout ! et ces femmes en sont-elles ?

ADOLPHE.

Sans doute.

NADIR.

Trente femmes !... O bonheur !...

ADOLPHE.

Moi, pour ma part... j'en ai soixante.

NADIR.

Soixante !... diable, vous êtes mieux partagé... mais c'est juste, vous êtes plus ancien que moi... avec le temps j'y arriverai.. (Les contemplant avec amour.) Et elles sont toujours jolies ? toujours jeunes ?

ADOLPHE.

Toujours !

NADIR, transporté.

Voilà des femmes au moins !... Quel séjour enchanté !...
(Il va auprès des femmes.)

ADOLPHE, à part.

Je crois bien... je n'avais pas d'idées très-précises sur le paradis de Mahomet... mais j'ai composé tout cela à l'instar de l'Opéra de Paris... ça doit faire le même effet.

NADIR, à part.

Il est très-aimable mon cher parent, mais il devrait sentir

7.

qu'il me gêne... il y a des moments où l'on aime à être un peu seul dans son ménage !

(Il s'assied au milieu des femmes.)

SCÈNE III.

Les mêmes ; FATMÉ et ZULÉMA, voilées.

ZULÉMA, bas à Adolphe.

Seigneur... seigneur, voici bien un autre embarras.

ADOLPHE, de même.

Quoi donc ?...

FATMÉ, de même.

Cet esclave, ce Balachou qui a voulu suivre son maître...

ADOLPHE, de même.

Eh bien ?

ZULÉMA, de même.

Il est au moment de s'éveiller.

ADOLPHE, de même.

Ah ! diable ! je ne pensais plus qu'il était mort aussi... je ne sais trop si je dois le mettre en paradis ! un maraud comme celui-là...

FATMÉ et ZULÉMA, de même.

Sommes-nous bien ?

ADOLPHE, de même.

Très-bien, chut !... restez près de Nadir, et songez à votre rôle... Je vais m'occuper du valet. (Haut.) Je te laisse jouir de ton bonheur, mon cher Nadir, mon devoir m'appelle auprès du prophète... mais je reviendrai bientôt...

NADIR.

Oh ! ne vous pressez pas, je vous en prie... je ne serais pas fâché d'étudier un peu le caractère de mes femmes.

ADOLPHE.

C'est trop juste... dans une heure tes odalisques te conduiront au palais du prophète, pour assister aux fêtes qui doivent consacrer ton immortalité.

NADIR.

Toujours des fêtes!... c'est charmant!...

ADOLPHE, à part.

Je suis tranquille, il est en bonnes mains, tâchons que rien ne puisse détruire son illusion.

(Il sort.)

SCÈNE IV.

NADIR, FATMÉ, ZULÉMA, voilées, LES HOURIS.

NADIR, avec ivresse.

Toutes ces femmes-là sont à moi! (Les regardant.) Quelle différence... au lieu de ces formes terrestres... au lieu des robes longues et massives de nos femmes persanes... cette gaze légère qui laisse deviner l'élégance de la taille... (Hésitant.) A laquelle d'abord m'adresser?... Voilà ce que c'est que de passer subitement de la misère à l'opulence... on ne sait plus comment régler l'emploi de ses richesses... (Il s'approche des femmes et lève leurs voiles.) Ah! grand Dieu!... qu'ai-je vu?... Ne me suis-je pas trompé?

FATMÉ, vivement.

Nous reconnais-tu? infidèle!

NADIR.

Fatmé... Zuléma!...

ZULÉMA.

Oui, perfide, c'est nous que tu as aimées, que tu as oubliées... et qui n'avons pu survivre...

NADIR.

Comment!... vous n'existez plus?

FATMÉ, avec un soupir.

Hélas ! oui, nous sommes mortes d'amour et de désespoir, de t'avoir perdu...

NADIR.

Par exemple !... je ne vous aurais jamais cru susceptibles d'une preuve d'attachement aussi forte... toi surtout, ma petite Fatmé, dont l'esprit passablement léger...

FATMÉ.

Ah !... depuis que nous avons quitté la terre, je suis bien changée !... Si tu savais comme nous nous sommes occupées de toi...

ZULÉMA.

Tu vas juger des talents que nous avons acquis pour te plaire.

FATMÉ.

Veux-tu m'entendre sur la harpe ?

ZULÉMA.

Et moi sur le théorbe ?

NADIR.

Cela me sera très-agréable. (Regardant les autres femmes.) Mais j'aurais voulu faire connaissance avec mes autres épouses... il me semble que voilà une taille, une tournure que je n'ai pas aperçues de mon vivant !

FATMÉ.

C'est indigne ! Vous nous la préférez déjà !

ZULÉMA.

Oui... voilà le prix de ma constance.

NADIR, cherchant à les calmer.

Du tout, mes bonnes amies ! Je ne peux cependant pas être exclusif, et il faut avant tout de la justice, surtout dans un ménage aussi nombreux... Allons, voilà qu'elles pleurent à présent ! eh bien ! ma chère Fatmé, je suis prêt à vous entendre...

ZULÉMA.

C'est cela! c'est elle que vous protégez.

NADIR, allant à elle.

Non certainement, et la preuve c'est que vous pouvez commencer...

FATMÉ.

C'est affreux, vous ne craignez pas de me faire de la peine!... c'est elle que vous ménagez.

NADIR.

Entendez-vous, cependant... vous ne pouvez pas commencer toutes les deux en même temps.

FATMÉ et ZULÉMA.

Si vraiment!

TOUTES LES FEMMES.

Et nous aussi!

NADIR.

Mesdames... de grâce!...

TOUTES.

Vous plaire est pour nous un honneur,
C'est un devoir!

NADIR.

Non pas, ma chère...
Le devoir est par trop sévère;
Tâchez que ce soit un bonheur.

TOUTES.

Dès que vous le voulez, seigneur,
Vous plaire est pour nous un bonheur.

NADIR.

Dieu! quel aimable caractère!
Mais c'est aussi par trop soumis;
Les déesses de ce pays
Sont d'une humeur bien singulière!

PREMIÈRE FEMME.

Si le chant...

DEUXIÈME FEMME.

Si la danse...

LES DEUX FEMMES, ensemble.

A pour vous quelque attrait...

PREMIÈRE FEMME.

Je chanterai...

DEUXIÈME FEMME.

Je danserai !

TOUTES.

Non, s'il vous plaît,
C'est à moi ! c'est à moi !

FATMÉ.

Mais comme vous, je pense,
Je peux briller par mon chant, par ma danse !

ZULÉMA et LES AUTRES FEMMES.

Croyez-moi, dans votre intérêt,
Renoncez à la préférence.

NADIR.

Eh ! mais... mesdames, s'il vous plaît...

FATMÉ.

Madame pense qu'à ses charmes
On va d'abord rendre les armes !

NADIR.

Mais de grâce... modérez-vous.

ZULÉMA.

Vous croyez valoir plus qu'une autre !

TOUTES.

Mon talent est égal au vôtre !

NADIR.

Mesdames, calmez ce courroux.

Ensemble.

TOUTES.

Ah ! c'est un bruit terrible ;
C'est à n'y pas tenir !

A cet affront pénible
Mon cœur est trop sensible,
Et c'est pour en mourir!

NADIR.

Mesdames... est-il possible?
Pour un mari sensible
Mon rôle est trop pénible.
Allons, c'est impossible
De les faire finir...

Silence!

BALACHOU, derrière le théâtre.

Seigneur Nadir... mon cher maître...

NADIR.

C'est la voix de Balachou!

SCÈNE V.

Les mêmes ; BALACHOU, accourant.

BALACHOU.

Ah! je vous trouve enfin!...

NADIR.

C'est toi, mon cher ami... que je t'embrasse!...

BALACHOU.

Oui, notre maître... ça fait plaisir de se retrouver ainsi en pays étranger.

NADIR.

Comment! tu m'as donc suivi!...

BALACHOU, soupirant.

Dame! vous voyez...

NADIR.

Quel dévouement... quel courage! Je ne l'aurais jamais cru... en vérité tu es le modèle des bons serviteurs...

BALACHOU.

Je vous suis attaché, c'est vrai... mais comme on n'est pas ici pour mentir... je peux vous le dire franchement... je vous ai suivi bien malgré moi, et si c'était à refaire...

NADIR, vivement.

Que dis-tu, mon ami? tu n'y penses pas... Ah! quand tu connaîtras comme moi tous les charmes de ce séjour divin...

BALACHOU.

Je ne dis pas... le pays paraît assez agréable. (Regardant les femmes.) Ah! mon Dieu! comme en voilà!...

NADIR.

Ce sont mes femmes... j'en ai trente... des petites femmes charmantes... par exemple, elles ne s'entendent pas bien ensemble, mais cela viendra...

BALACHOU.

C'est égal... si vous saviez ce que je sais, vous seriez au désespoir d'être mort...

NADIR.

Comment?...

BALACHOU, à demi-voix.

Imaginez-vous que cette belle Zéneyde que vous aimiez, que vous cherchiez partout...

NADIR, vivement.

Zéneyde... tu aurais eu de ses nouvelles?...

BALACHOU.

Je l'ai vue...

NADIR.

Zéneyde!... (A ses femmes qui se sont approchées.) Éloignez-vous... rentrez dans mon palais...

FATMÉ.

Eh quoi! Nadir... tu veux déjà te séparer de tes femmes chéries...

NADIR.

Du tout... du tout, mes bonnes amies... mais si vous vouliez me laisser un instant... je vous en prie... (Vivement.) Je le veux... obéissez...

(Elles sortent.)

SCÈNE VI.

NADIR, BALACHOU.

NADIR.

Ces pauvres petites... c'est la douceur même... mais avec cela si on n'y mettait pas un peu de caractère... Eh bien! mon cher Balachou, parle, je t'en conjure; tu dis donc que Zéneyde... cette Zéneyde que j'adorais, que j'adore encore... tu l'as vue?...

BALACHOU.

Oui, notre maître...

NADIR.

Et où est-elle?... conduis-moi à l'instant...

BALACHOU.

Que je vous conduise!... Pardi, je ne demanderais pas mieux... Mais on ne peut plus y retourner, et c'est ce qui me désole!...

NADIR.

Elle existait!... et moi qui croyais l'avoir perdue pour jamais!... Tu es bien sûr que c'était Zéneyde... celle dont je te parlais sans cesse...

BALACHOU.

Vous allez en juger... Hier soir... après la petite partie de débauche que vous aviez imaginée, comme vous veniez de partir... je sentais que je ne pouvais pas l'échapper... le froid me gagnait déjà, mais je me retenais tant que je pouvais... parce que c'est toujours terrible, à la fleur de l'âge... une mort prématurée... surtout quand on n'a pas mis ordre à ses affaires... enfin, je me défendais comme un démon!... au milieu de ceux qui nous entouraient... une seule femme me touchait par son désespoir... elle s'écriait : « C'est lui qui m'a sauvé la vie, et je n'ai pu lui témoigner ma reconnaissance... malheureuse Zéneyde!... »

NADIR.

Zéneyde... c'est bien elle!... Qui pouvait l'avoir amenée près de nous?...

BALACHOU.

Eh! mon Dieu... vous ne comprenez pas... que nous étions chez son père... le seigneur Nathan le riche.

NADIR.

Son père!

BALACHOU.

« Au moins, a-t-elle ajouté, qu'il emporte au tombeau le titre de mon époux! » Elle s'est emparée de ce bracelet que vous portiez... et vous a donné son anneau.

NADIR, regardant l'anneau à son doigt.

Son anneau! Il serait possible... je serais son époux!...

BALACHOU.

La belle avance!... ça fait une veuve de plus... et une veuve qui vous est bien attachée, car elle a donné des ordres pour qu'on vous élevât un mausolée de toute beauté... du marbre, du porphyre, des sculptures... vous pouvez vous vanter d'avoir un bien joli petit tombeau, vous serez là comme un ange... ensuite, on vous préparait un convoi magnifique... des gardes, des esclaves, des flambeaux,... malheureusement, je n'ai pas pu le voir, je suis mort au moment où le cortége allait se mettre en marche... mais le coup d'œil devait être superbe.

NADIR.

Malheureux que je suis!... comment! cette Zéneyde que

j'aimais... que j'idolâtrais... elle était à moi! j'aurais pu passer ma vie auprès d'elle!... et je vais, comme un insensé...

BALACHOU.

La!... ce que c'est que de se presser!...

NADIR.

Mais réponds toi-même... comment prévoir qu'au moment où tout semble vous abandonner... le bonheur est là... près de nous...

BALACHOU.

C'est pour cela, seigneur, qu'on a tort de se mêler de ce qui ne nous regarde pas... Que diable! dans ces cas-là on attend.

NADIR.

Eh! fais-moi grâce de tes réflexions... Elles me désespèrent.

BALACHOU.

Et moi donc, croyez-vous que je sois ici pour mon plaisir?... avoir laissé cette pauvre Nyn-Dia, qui m'aimait comme une folle... mais voyez que de victimes vous entraînez après vous!

NADIR.

Ah! rien n'égale ma douleur... et si je m'en croyais... Allons, encore mes femmes!...

SCÈNE VII.

LES MÊMES; FATMÉ, ZULÉMA, ODALISQUES qui sortent de tous côtés, et qui entourent Nadir et Balachou; plusieurs gondoles dorées s'avancent sur les bords du canal; elles sont conduites par des HOURIS.

LE CHOEUR.

Viens, cher Nadir,
Par le plaisir

Et la folie
Que cette vie
Soit embellie,
Et que tes jours,
Exempts de peine,
Forment une chaîne
Dont les amours
Charment le cours.

BALACHOU.

Mais quelle fête
Ici s'apprête?

NADIR.

Que voulez-vous?

ZULÉMA.

Partons... suis-nous;
Obéis au prophète...

FATMÉ.

Notre amour et nos vœux
Te suivront en tous lieux.

LE CHŒUR.

C'est l'heure de la fête.

NADIR, avec distraction.

Une fête... une fête...
Ici l'on ne voit que cela...
(A Balachou.)
Il faut partir... attends-moi là...
Mais je prévois que cette fête,
Et les houris et le prophète,
Ne pourront chasser de mon cœur
Et Zéneyde et ma douleur.

LE CHŒUR.

Partons... c'est l'heure de la fête.

(Nadir monte dans une gondole, avec plusieurs femmes; Fatmé et Zuléma, suivies des houris, l'accompagnent sur les bords du canal, en chantant et en dansant.)

LE CHŒUR.
Viens, cher Nadir, etc.

(Ils disparaissent.)

SCÈNE VIII.

BALACHOU, seul.

Seigneur Nadir, ne soyez pas longtemps... je ne connais pas les êtres... Il est déjà bien loin. Ah!... me voilà donc en paradis... le diable m'emporte si je m'y attendais... quoique bon musulman dans l'âme, je n'ai pas toujours suivi très-exactement tous les préceptes de l'Alcoran. (A voix basse.) Pour du vin... je ne m'en suis jamais fait faute... et même, dans le temps que le seigneur Nadir mon maître avait des sequins, j'ai idée que nous partagions quelquefois à son insu... (Se retournant et à voix haute.) Mais du reste... on le sait, puisque me voilà... et la seule chose qui m'étonne ici, c'est d'abord de m'y voir, et ensuite de n'y pas rencontrer certains dévots personnages de ma connaissance.

COUPLETS.

Premier couplet.

Je n'y vois pas ce cadi qu'on renomme;
Je n'y vois pas notre illustre vizir;
Je n'y vois pas notre iman, ce saint homme
Qui récemment s'était laissé mourir,
Lui dont les jours s'écoulaient à rien faire,
Lui qu'on citait dans notre ville entière
Et comme un juste et comme un bienheureux...
Je vois enfin que tout est pour le mieux!
Puisqu'ils ont fait leur paradis sur terre,
Ils ne pouvaient le trouver en ces lieux!

Deuxième couplet.

Et moi!... grands dieux! que les destins avares
En me créant avaient privé de tout,

Dévalisé, battu par les Tartares,
Jeûnant souvent et rarement par goût,
Traînant, obscur, ma pénible carrière,
Et, pour sortir enfin de ma misère,
Parfois coquin et pourtant toujours gueux!...
Ah! le prophète est juste et généreux!
N'ayant point eu de paradis sur terre,
Je devais bien le trouver en ces lieux!

Ici au moins on est à l'abri des Tartares... on n'a pas à craindre comme là-bas des rencontres fâcheuses. (Il aperçoit Sa-Hab et Ours-Kan, qui passent leur tête à travers un buisson et regardent de tous côtés.) Ah!... Mahomet... qu'est-ce que je vois là?... (Tremblant et se cachant.) C'est incroyable, voilà deux élus... qui ressemblent comme deux gouttes d'eau... à mes coquins d'hier au soir.

SCÈNE IX.

BALACHOU; SA-HAB, OURS-KAN, s'avançant avec précaution; ils sont vêtus en Tartares : barbes épaisses, turbans de couleur, larges cimeterres au côté.

SA-HAB, à Ours-Kan.

Ne t'avance pas trop... nous ne sommes pas en force...

OURS-KAN.

Il faut qu'il y ait quelque réjouissance extraordinaire... car les esclaves de ce juif n'étaient pas à leur poste...

SA-HAB.

C'est fort heureux... sans cela, du diable si nous aurions pu escalader le mur du jardin!...

BALACHOU, à part.

Ce sont bien eux... je vois ce que c'est... je le leur avais dit... ils ont été pendus, ça ne pouvait pas leur manquer...

SA-HAB.

Tâchons maintenant de trouver une issue pour faire entrer nos Tartares.

BALACHOU, à part.

Par exemple, je ne conçois pas qu'on laisse entrer des voleurs dans le paradis ! c'est un abus... Il vont mettre tout au pillage...

SA-HAB, montrant le temple et les vases d'or à Ours-Kan.

Tiens, t'avais-je trompé?... tu vois qu'ici l'or brille de tous côtés... et si je m'en croyais, déjà...

BALACHOU.

Il faut que je me montre... pour leur faire honte de leur conduite d'hier... (Il fait un pas hors du bosquet et s'arrête.) C'est qu'ils ont les mêmes sabres que de leur vivant...

SA-HAB.

Mais comment espères-tu réussir ?...

OURS-KAN.

Je te l'expliquerai... nous sommes en vue ici... retirons-nous dans l'épaisseur de ce bois.

BALACHOU, toujours caché.

Ils viennent vers moi... Eh bien ! c'est singulier... j'ai peur... par exemple, je ne sais pas de quoi... mais j'ai peur... ça me survit aussi... Il faut que ce sentiment soit enraciné. (S'éloignant à mesure qu'ils avancent.) Ah ! mon Dieu... s'ils me rencontrent... sauvons-nous ! Il faut avouer qu'ici on reçoit bien mauvaise compagnie.

OURS-KAN, à Sa-Hab.

On vient de ce côté... suis-moi.

(Balachou disparaît dans le bosquet à gauche, et les deux Tartares y entrent après lui. Tout cela s'exécute sur la ritournelle du morceau suivant.)

SCÈNE X.

ADOLPHE, FATMÉ, ZULÉMA.

TRIO.

(Adolphe entre en courant après Fatmé et Zuléma.)

ADOLPHE.
Quoi! vraiment, tu l'as vu?

FATMÉ.
Oui, seigneur, je l'ai vu.

ADOLPHE.
Serait-il bien possible!
Nadir est insensible,
J'en reste confondu!...

ZULÉMA.
A sa mélancolie
Rien ne peut l'arracher...

FATMÉ.
Il voudrait le cacher,
Mais je crois qu'il s'ennuie.

ZULÉMA.
Enfin, je l'ai surpris
Bâillant en paradis!

ADOLPHE, souriant.
Quoi! près de ses houris!...
  (Prenant la main de Zuléma.)
Quelle âme indifférente!...
  (De même à Fatmé.)
D'honneur elle est charmante...
Pour calmer vos regrets
Ici je me présente.

FATMÉ et ZULÉMA, se défendant.
Non, monsieur le Français!...

Ensemble.

ADOLPHE.

Fort bien... je m'y connais,
Malgré ce ton sauvage,
Elles viendront, je gage,
Tomber dans mes filets.

FATMÉ et ZULÉMA.

Non, monsieur le Français,
Vous êtes trop volage,
Et votre doux langage
Ne me prendra jamais.

ADOLPHE, tantôt à l'une, tantôt à l'autre.

Ah! ne sois pas cruelle...

ZULÉMA, se défendant.

Mais, seigneur... laissez-nous...

ADOLPHE.

Je vous serai fidèle...

FATMÉ.

Oui... comme on l'est chez vous.

ADOLPHE.

Un seul baiser... ma belle...

Ensemble.

FATMÉ et ZULÉMA.

Non, monsieur le Français, etc.

ADOLPHE, à part.

Fort bien... je m'y connais, etc.

(A la fin de cet ensemble, il les embrasse. Nadir paraît, les deux femmes l'aperçoivent et se sauvent en poussant un cri.)

SCÈNE XI.

ADOLPHE, NADIR.

ADOLPHE, à part.

C'est Nadir !

NADIR.

Ah ! ah ! vous en contez donc à mes houris !...

ADOLPHE, un peu embarrassé.

Oui... c'est une idée... une distraction... ce séjour n'est pas celui de la constance... en seriez-vous jaloux ?

NADIR, froidement.

Moi... non... je ne crois pas...

ADOLPHE.

Comment !... ces beautés célestes ?... Il y a une heure que vous les adoriez...

NADIR, d'un air d'ennui.

Ce n'est pas qu'elles ne soient divines... et dignes de tout mon amour... Mais, s'il faut vous le dire, je concevais les houris tout autrement...

ADOLPHE.

Comment cela ?...

NADIR.

Oui... j'y voudrais plus de variété... plus de piquant !... toujours des disputes... voilà la troisième que j'arrange.

ADOLPHE, souriant.

Écoutez donc ! cela arrive quelquefois quand on n'a qu'une femme, à plus forte raison quand on en a vingt, quarante, soixante... tout cela doit être proportionné...

NADIR.

J'entends bien... Mais à quoi passe-t-on le temps ici ? on ne peut parler d'amour éternellement !...

ADOLPHE.

On chante...

NADIR.

Ah !... et après ?...

ADOLPHE.

On danse; voulez-vous une petite fête ?

NADIR.

Non, non, je vous en prie; toujours des fêtes, j'en ai assez comme cela... Mais, dites-moi, comment est-on en enfer ?...

ADOLPHE.

Vous le savez, il n'y en a pas, l'enfer n'est autre que cette terre d'exil et d'épreuves que vous venez de quitter...

NADIR.

Ah ! c'est là... savez-vous qu'il y a du bon en enfer !

ADOLPHE.

Ce n'est pas mon avis, et si vous étiez à ma place...

NADIR.

Qu'est-ce donc ?

ADOLPHE.

Le prophète... est quelquefois un peu vif, et pour une faute très-légère... une de ses odalisques... sur laquelle j'ai jeté un regard indiscret...

NADIR.

Ah çà !... il paraît que vous avez des yeux pour tout le monde... car ici... tout à l'heure...

ADOLPHE.

Il n'en est pas moins vrai que le prophète vient de me soumettre à une épreuve très-pénible... m'obliger à retourner pendant deux heures sur terre !...

NADIR.

Comment ! que dites-vous ?...

ADOLPHE.

Il faut que pendant deux heures je redevienne un simple mortel, à moins que quelqu'un ne se dévoue à ma place !

NADIR, vivement.

Ah ! mon ami, mon cher parent... je serais trop heureux de vous rendre ce petit service...

ADOLPHE.

Laissez-donc ! vous n'y pensez pas, vous immoler pour moi !... En conscience, je ne peux pas vous laisser repartir... vous qui ne faites que d'arriver !

NADIR.

C'est pour cela... je ne suis pas encore installé, ça ne me coûtera rien... tandis que vous qui avez vos habitudes !... D'ailleurs, vous dites que c'est trois heures... et trois heures sont sitôt passées...

ADOLPHE.

Non, non, je n'ai dit que deux !

NADIR.

Raison de plus !

FINALE.

Allons, allons, je vous en prie,
Donnez votre consentement !

ADOLPHE.

D'honneur, mon âme est attendrie
De ce généreux dévoûment !
Tu l'exiges... mon cœur se rend.
 Pars, guerrier magnanime,
De l'amitié noble victime !

NADIR.

Ah ! tous mes sens en sont ravis !

(Reprenant le motif du finale du premier acte.)

Adieu, demeures immortelles,
Adieu, beautés toujours nouvelles,
Adieu, céleste paradis !

SCÈNE XII.

Les mêmes ; FATMÉ, les Houris, puis BALACHOU.

LES HOURIS.

Tu quitterais le paradis !

NADIR.

Adieu, mes toutes belles !
A votre époux soyez fidèles,
Et, s'il se peut, point de querelles !

LES HOURIS.

Quoi ! vous allez vous absenter !

NADIR.

Pour deux heures je dois quitter
   Ces célestes demeures !
Pourrez-vous bien supporter
   Un veuvage de deux heures ?

BALACHOU, qui s'est approché de lui.

Quoi ! seigneur, vous allez partir !
Ici que vais-je devenir ?
Vous savez bien que sans vous je m'ennuie !

NADIR.

Mais je te laisse en bonne compagnie !

BALACHOU, à voix basse.

Du tout ! vous êtes abusé !
Le paradis est très-mal composé...
Je viens de voir de certaines tournures...
   Deux grands coquins... dont les figures...

(Il se retourne, aperçoit Adolphe et reste stupéfait.)

Encore une... que je connais !
Dieux ! j'ai cru voir, du moins j'en jurerais,
   Les traits de ce jeune Français !

ADOLPHE, sévèrement.

Profane, tais-toi !

BALACHOU.
Je me tais !

ADOLPHE, à Nadir.
Et toi, jeune héros, toi que rien n'intimide,
Fils d'Ismaël, en quel séjour faut-il
Placer le lieu de ton exil ?

NADIR.
Transportez-moi d'un vol rapide
Dans la province de Kazan,
Au palais du seigneur Nathan,
Près de sa fille... Zéneyde.

ADOLPHE.
Le prophète exauce tes vœux !
Mais avant de quitter ces lieux,
(Aux houris.)
Versez-lui l'ambroisie,
Gage de l'éternelle vie.

(Nadir est placé au milieu des houris, qui se sont groupées autour de lui. Dans ce moment on entend un coup de tam-tam. Tout le monde s'arrête étonné. Nadir est entraîné par les houris.)

ADOLPHE, écoutent.
Qu'ai-je entendu ?
Ceci n'était point convenu.

LES TARTARES, en dehors.
Ils vont se rendre
A nos efforts.
Courons surprendre
Tous leurs trésors.

ADOLPHE.
D'où vient cette rumeur subite
Est-ce le signal des combats?
(Aux esclaves qui entourent Balachou et qui l'emmènent.)
Loin de ces lieux guidez ses pas.

SCÈNE XIII.

Les mêmes ; ZULÉMA, accourant en désordre.

ADOLPHE.
Quel trouble vous agite ?

ZULÉMA.
Hélas! tout est perdu !
Les Baskirs, les Tartares
Sous nos murs ont paru.
Oui, l'un de ces barbares
Est ici... je l'ai vu.
De ce palais ils vont faire le siége,
Et si le ciel ne nous protége...

ADOLPHE.
Comptez sur lui !
Il vous protégera, bannissez vos alarmes.
(Aux esclaves.)
Aux armes... aux armes !...
(Aux houris.)
Ne sortez pas d'ici !...
(Les houris apportent des armes qu'elles distribuent aux esclaves.)

ADOLPHE, bas aux esclaves.
Du courage, de la prudence,
Surtout le plus profond silence !
Que Zéneyde ignore son danger...
Qu'une garde fidèle
Veille toujours sur elle.

LES HOURIS.
Oui... oui... nous courons auprès d'elle,
Que votre bras daigne la protéger !

ADOLPHE, gaiement et prenant son épée.
Allons, que votre effroi s'apaise,
Nous les vaincrons assurément,
Car je suis dans mon élément :

Danser... se battre... ah! c'est vraiment
Une journée à la française!

LE CHŒUR.

Marchons... marchons... nous sommes prêts.

Ensemble.

LE CHŒUR, sur le théâtre.

Il doit s'attendre
A des succès;
Il va reprendre
L'habit français.

LES TARTARES, derrière le théâtre.

Pour les surprendre
Nous sommes prêts;
Ils vont se rendre,
Attaquons-les.

(Les houris et les esclaves s'élancent sur les pas d'Adolphe.)

ACTE TROISIÈME

Un des appartements intérieurs de la maison de Nathan.

SCÈNE PREMIÈRE.

ZÉNEYDE, seule.

Que se passe-t-il donc?... Quel trouble règne en ce palais !... Et cet Adolphe ! où est-il? que devient-il? En vérité ces Français sont bien singuliers; il s'est tout à fait établi maître de la maison... Je voulais lui parler, il ne m'a pas répondu; je voulais sortir, il m'a consignée dans mon appartement, et des esclaves armés font sentinelle à ma porte... Quel peut être son motif?... et pourquoi ne pas m'expliquer... Au fait, jusqu'à présent, je n'ai point à me plaindre de lui... et puisqu'il ne veut que mon bonheur, je puis bien le laisser continuer...

ROMANCE.

Premier couplet.

Oui, par ses soins, par sa prudence,
Nadir revient de son erreur;
Dans les plaisirs de l'inconstance,
Il ne place plus le bonheur!
   Dans sa flamme discrète,
   Les houris du prophète
   N'enchaînent plus sa foi :
   Oui, son cœur infidèle

Volait de belle en belle...
Mais à présent, il soupire, je croi,
Pour une seule... et c'est pour moi.

Deuxième couplet.

Par une égale et douce ivresse
Notre destin s'embellira;
Je devrai tout à sa tendresse,
Et la mienne lui suffira.
Jadis il fut volage,
Mais désormais, plus sage
La constance est sa loi.
Toute femme jolie
Par Nadir fut chérie...
Mais à présent, il est fixé, je croi,
Par une seule... et c'est par moi.

SCÈNE II.

ZÉNEYDE, UN ESCLAVE NOIR.

L'ESCLAVE, lui présentant un billet.

C'est de la part du seigneur Adolphe...

ZÉNEYDE.

Donne donc vite... (Lisant.) « Tout va bien, belle Zéneyde,
« mais des motifs qu'il est inutile que vous connaissiez et
« que je vous expliquerai plus tard me retiennent éloigné
« de vous !... Comme dans ce moment Nadir nous gênerait
« un peu... je vous l'envoie... » (S'interrompant.) O ciel ! envoyer Nadir en ces lieux ! quel embarras ! et que devenir ?
« Il s'ennuyait tellement, que Mahomet et moi avons eu pitié
« de lui... et l'avons rendu à la vie pour deux heures seule-
« ment. » (Avec joie.) Quelle idée ! (Continuant.) « Il a demandé
« à être transporté auprès de vous pendant le temps de son
« exil... ainsi gardez-vous bien de le détromper en rien sur
« tout ce qui lui est arrivé ; je compte sur vous pour embel-

« lir ses deux heures d'existence... » (S'interrompant.) Comment! il veut que je lui parle... ce Nadir qui depuis sa mort... a appris que je l'aimais... qui même se croit mon époux... cela devient très-embarrassant... C'est lui... comme il est agité ! il faut avouer qu'il a un air bien singulier, depuis qu'il est revenu sur terre !

(Elle se tient un peu à l'écart.)

SCÈNE III.

ZÉNEYDE, NADIR.

NADIR.

Oui... je reconnais ce palais, c'est bien celui du seigneur Nathan... ô Mahomet! pourquoi mon exil doit-il durer si peu? quoi! lorsque l'airain sonnera la deuxième heure...

DUO.

Dieu! que vois-je? c'est elle!

ZÉNEYDE, à part.

A mon rôle soyons fidèle.

NADIR.

Son aspect fait battre mon cœur.

ZÉNEYDE, avec tendresse.

Vous nous êtes rendu, seigneur...
C'est bien vous !... moment enchanteur!
Je le vois, la bonté céleste,
Par qui nous sommes protégés,
Dissipe le sommeil funeste
Où tous vos sens étaient plongés.

NADIR.

Du ciel la clémence infinie
A daigné me rendre à la vie...
Mais quand je songe à mes serments,
Aux attraits de ce que j'adore,
Cette faveur redouble encore
Et mes regrets et mes tourments.

Ensemble.

NADIR, à part.

Attraits divins, amour fidèle,
Auraient charmé mes heureux jours.
Et je la perds, lorsque près d'elle
J'aurais voulu vivre toujours !

ZÉNEYDE, à part.

Moment charmant qui me rappelle
Et ses serments et ses amours !
Il voudrait donc, amant fidèle,
Auprès de moi vivre toujours !

NADIR.

Comment m'acquitter à jamais ?

ZÉNEYDE.

Oubliez-vous donc les bienfaits
Que ce bracelet me rappelle ?

NADIR, regardant son anneau.

O surprise nouvelle !
Si l'on m'a dit la vérité..
Quoi cette bague serait celle
Que je dois à votre bonté !
De votre amour j'aurais ce gage ?
N'est-ce point un songe trompeur ?

ZÉNEYDE, à part.

Ah ! de détruire son erreur
Je ne me sens pas le courage !

NADIR.

Eh quoi ! je suis donc votre époux ?

ZÉNEYDE.

Vous allez perdre l'existence,
Et pour m'acquitter envers vous...

NADIR.

Dieux ! quelle douce récompense !
Quand je vois combler tous mes vœux,

Le sort m'exile de ces lieux !
Fut-on jamais plus malheureux !

Ensemble.

NADIR, à part.

Attraits divins, amour fidèle, etc.

ZÉNEYDE, à part.

Moment charmant qui me rappelle, etc.

NADIR.

Quoi ! Zéneyde... j'aurais pu être votre amant, votre époux ?

ZÉNEYDE, feignant l'étonnement.

Mon époux ! Eh ! mais, ne l'êtes-vous pas ?

NADIR, vivement.

Si vraiment ! (La regardant d'un air de regret.) C'est là ma femme !... une femme charmante... que j'aime, qui m'adore... est-il possible d'être plus malheureux !

ZÉNEYDE, à part.

Il est désespéré ! Quel plaisir il me fait ! (Haut.) Ainsi donc nous ne nous quitterons jamais, et quel bon ménage nous allons faire ! je ne parle pas de notre fortune... de nos richesses... le bonheur n'est pas là... mais il est dans l'amitié, dans la confiance... jamais de soupçons, de jalousies... surtout point de querelles... n'étant que deux dans notre ménage, nous n'aurons qu'un seul avis, qu'une seule volonté, et la mienne sera toujours de vous plaire.

NADIR.

Dieux ! que j'aurais été heureux !

ZÉNEYDE.

Vous êtes enchanté... n'est-ce pas ? Eh bien ! voilà le plan que je m'étais tracé et que nous suivrons toujours, n'est-il pas vrai ?

NADIR.

Toujours... ah ! je vous en prie... ne répétez plus ce mot-là...

ZÉNEYDE.

Comment! monsieur, il vous fait peur?...

NADIR, la regardant.

Non, certainement... mais on ne sait jamais ce qu'on a à rester sur terre. (La regardant toujours.) Et d'ailleurs... dans notre existence... nous avons si peu de temps à perdre... (A part et cherchant à s'enhardir.) Après tout, c'est ma femme... elle en convient elle-même, ainsi... (Haut.) Zéneyde... s'il était vrai... que je dusse bientôt m'éloigner de ces lieux... je sais que j'emporterais avec moi le titre de votre époux... mais dans ce siècle-ci, qu'est-ce que c'est qu'un titre? c'est si peu de chose...

ZÉNEYDE, effrayée, à part.

Ah! mon Dieu!...

NADIR, vivement.

Et s'il est vrai que vous m'aimiez comme vous l'avez dit...

ZÉNEYDE.

Non... non... monsieur, je n'ai pas dit cela...

NADIR.

Si vraiment... vous l'avez dit : *comme amant et comme époux*... c'est comme vous voudrez, je vous laisse le choix!...

SCÈNE IV.

LES MÊMES; NYN-DIA.

NYN-DIA, accourant.

Ah! madame... vous ne savez pas...

ZÉNEYDE, à Nyn-Dia.

Eh bien! qu'as-tu donc?...

NYN-DIA.

Ce qu'il y a? madame... on se bat dans le palais... c'est ce seigneur français... Il vient de réunir tous vos esclaves... il s'est mis à leur tête... et il donne la chasse aux Tartares... En voilà déjà trois qu'il a fait sauter par la fenêtre.

NADIR.

Les Tartares ont osé attaquer ce palais...

NYN-DIA.

C'est ce que j'ai cru comprendre en les voyant partir de cette manière-là... car avec le seigneur Adolphe il n'y a pas moyen de rien savoir... il court en haut, en bas; il est partout et donne ses ordres en fredonnant un petit air... déjà une partie des Tartares fuyaient dans la campagne, où l'on ne se souciait pas de les poursuivre... lorsqu'ils ont rencontré une caravane qui se dirigeait de ce côté... et qu'on peut apercevoir d'ici... il y a au moins deux cents chameaux... et voilà un nouveau combat engagé...

ZÉNEYDE.

O ciel!... si c'était mon père et son escorte...

NYN-DIA.

Enfin, maintenant, grâce au seigneur Adolphe, on se bat dans la campagne... on se bat dans le palais, on se bat partout...

NADIR, voulant sortir par la gauche.

Je saurai seconder ce généreux Français... je cours vous défendre.

ZÉNEYDE, le retenant.

Non... de grâce... volez auprès de mon père... défendez ses jours... ce sera sauver plus que les miens...

NADIR.

Oui... j'y cours. Adieu... adieu, Zéneyde, ma femme, mon amie... il m'eût été bien doux de vous consacrer ma vie, mais la perdre pour vous est encore un bonheur...

(Il sort par la droite.)

SCÈNE V.

ZÉNEYDE, NYN-DIA.

ZÉNEYDE.

Aussi c'est cet Adolphe qui est cause de tout... pourquoi ai-je écouté ses conseils ?

NYN-DIA.

Sans doute... se moquer du prophète ! oser imiter son paradis ! Et ce pauvre Balachou qu'on y a oublié... vous verrez qu'il nous en arrivera malheur, et que le feu du ciel... (On entend plusieurs coups de fusil.) La, qu'est-ce que je disais ?... C'est fait de nous !...

(Elles s'enfuient par la porte à gauche.)

SCÈNE VI.

ADOLPHE, à la cantonade.

C'est bien... c'est bien... mais un peu plus d'ensemble... Ils n'entendent rien au feu de file... C'est ça, ils tiennent un Tartare. (Criant.) Ne lui faites pas de mal... Bon ! encore un qui saute !... je n'aurais jamais cru que ces gaillards-là eussent autant de légèreté... J'ai toujours dit qu'on ferait quelque chose de ces Persans... ils vont bien, mais ils sont étourdis... Ah! (On entend de nouveau de la mousqueterie.) C'est bien, c'est mieux... mais il y a un peu de retard...

SCÈNE VII.

ADOLPHE, BALACHOU.

BALACHOU, arrivant par une porte de côté.

Au secours ! au voleur ! (Regardant Adolphe.) Ah ! grand Mahomet!... (A part.) Allons... le voilà en uniforme à présent... (Haut.) Ah ! seigneur Ismaël, seigneur Français !... je ne sais plus lequel des deux...

ADOLPHE.

N'importe ! qu'est-il arrivé ?

BALACHOU.

Le paradis est pris d'assaut par une légion de diables incarnés; le vin, les liqueurs... tout y a passé ; aussi, ils sont dans un état !...

ADOLPHE.

Tant mieux, cela rendra la partie plus égale... eh bien ! après?...

BALACHOU.

Après? voilà le plus fort ! en descendant d'un arbre où je m'étais blotti... le pied m'a manqué... je suis tombé en roulant le long d'une terrasse et, en me relevant, jugez de ma surprise de me retrouver sur terre...

ADOLPHE.

Sur terre !...

BALACHOU.

Juste en face du palais du seigneur Nathan... je l'ai parfaitement reconnu...

ADOLPHE.

A merveille! je cours surprendre nos Tartares, et délivrer le paradis.

BALACHOU, le retenant mais en hésitant.

Seigneur, daignez me dire avant tout si je suis décidément mort ou vivant!...

ADOLPHE.

Cela dépendra...

BALACHOU.

Comment! cela dépendra... je ne peux pourtant pas rester dans l'indécision... il faut que je sache à quoi m'en tenir.

ADOLPHE, lui prenant la main.

Ces mystères sont au-dessus de toi... mais si tu dis un mot de ce que tu as vu... si, jusqu'à mon retour, tu oses parler à un seul mortel, tu seras englouti pour jamais dans les abîmes de la terre !...

BALACHOU, tremblant.

C'est différent... je suis muet...

ADOLPHE.

Adieu! (Il sort.)

SCÈNE VIII.

BALACHOU, seul.

Dans les abîmes de la terre !... Encore un autre voyage... le matin en haut, le soir... (Il fait le geste de rouler en bas.) Je me garderai bien d'ouvrir la bouche...

SCÈNE IX.

BALACHOU, NYN-DIA.

NYN-DIA, sortant de côté sans voir Balachou.

Il me semble qu'on ne se bat plus... si je pouvais avoir des nouvelles de Balachou? Que vois-je !... c'est lui-même.

DUO.

NYN-DIA.

Eh quoi! c'est toi ?
Je te revoi,
Bonheur suprême!
Oui, c'est lui-même.
Regarde-moi...
Mais réponds-moi...

BALACHOU, à part.

Quel embarras!
Qui! moi, parler?... je n'ose pas.

NYN-DIA.

Eh bien !
Tu ne dis rien ?
D'un mot dissipe mes tourments,
C'est moi, ta Nyn-Dia chérie...
Se peut-il que ton cœur oublie
Et ton amour et tes serments?

BALACHOU, à part.

Ah! quel martyre!...
Mais que lui dire?

NYN-DIA.

Quoi ! tu t'obstines à te taire ?

BALACHOU, à part.

Dieux! les abîmes de la terre...
Je la sens trembler sous mes pas...
Non, non, je ne parlerai pas.

NYN-DIA.

Eh bien ! si vous ne parlez pas...
(Mouvement plus vif.)
Non, non, plus de mariage ;
Avec le petit Osmin
Dès aujourd'hui je m'engage,
Et l'épouse dès demain.

BALACHOU.

Oh!...
(Il se ferme la bouche avec la main.)
Eh quoi! le petit Osmin!...
(A part.)
J'enrage... j'enrage...
J'en mourrai de chagrin.

NYN-DIA, continuant.

Il dit qu'il me trouve belle,

Je sais qu'il m'aime en secret;
Il est aimable et fidèle,
Et puis il n'est pas muet.

BALACHOU, de même.

Oh!... ah!...

NYN-DIA.

Eh bien!
Cela ne vous fait rien?
Eh bien! plus de mariage;
Avec le petit Osmin
Dès aujourd'hui je m'engage,
Et l'épouse dès demain.

Ensemble.

NYN-DIA.

Il dit qu'il me trouve belle,
Je sais qu'il m'aime en secret, etc.

BALACHOU.

L'infidèle... l'infidèle!...
Ah! quel malheur d'être muet.

NYN-DIA.

Adieu! adieu!

BALACHOU, l'arrêtant.

Ah! je n'y tiens plus! Comment, perfide... vous pourriez!...

(On entend des cris de joie et un grand bruit de timbales et de trompettes.)

BALACHOU, effrayé.

Ciel!... j'ai parlé... voici la trompette du jugement dernier... Je suis mort...

(Il tombe la face contre terre.)

LE CHŒUR, en dehors.

Victoire! victoire!

NYN-DIA.

Quels sont ces cris?

LE CHOEUR.

Victoire !

NYN-DIA, à Balachou.

C'est ton maître, reviens à toi !

SCÈNE X.

LES MÊMES; ZÉNEYDE, NATHAN, NADIR, Esclaves, Suite.

LE CHOEUR.

Victoire, victoire, victoire !
De Nadir chantons la valeur,
Que l'amour couronne sa gloire
Et vienne doubler son bonheur !

(Pendant ce chœur, Balachou se relève peu à peu, en se tâtant, pour s'assurer qu'il n'est pas mort ; il veut courir à Nadir, qui entre avec Nathan et Zéneyde ; Nyn-Dia le retient et lui parle bas.)

NATHAN.

Je sais quelle est la récompense
Qu'il a droit d'attendre de nous ;
   (Lui donnant la main de Zéneyde et les unissant.)
Voilà de ma reconnaissance
Le gage le plus doux.

NADIR, enivré.

Il est donc vrai ? quoi ! je suis son époux !

ZÉNEYDE.

Moment heureux !

NADIR.

O jour prospère !

NATHAN.

Restez toujours auprès d'un père.
            (On entend sonner deux heures.)

9.

NADIR, s'arrêtant consterné.
O dieux! quel son fatal!
De mon départ c'est le signal.
(Avec égarement.)
Ah! malheureux... Mahomet me rappelle!
O Mahomet! que je reste près d'elle!
Par pitié..., rends-moi mes serments.

(Il tombe aux genoux de Zéneyde.)

ADOLPHE, derrière le théâtre.
Le ciel va finir tes tourments.

(Les rideaux du fond s'ouvrent à la fois et laissent voir une galerie magnifique, richement éclairée; Adolphe paraît entouré de Fatmé, Zuléma, et de toutes les houris qui ont figuré dans le second acte.)

SCÈNE XI.

LES MÊMES; ADOLPHE, FATMÉ, ZULÉMA, HOURIS.

TOUS.
Que vois-je!

NADIR, revenant à lui.
Quels accents!

ADOLPHE, d'un ton solennel.
Oui, tu peux conserver la vie,
Mahomet te tend tes serments.

Ensemble.

NADIR.
Ma surprise est extrême,
En croirai-je mes yeux?
C'est Ismaël lui-même
Qui se rend à mes vœux.

NATHAN et SES ESCLAVES.
Ma surprise est extrême,

En croirai-je mes yeux?
C'est Adolphe lui-même
Qui paraît en ces lieux.

ADOLPHE.

Pour un mortel que j'aime
J'ai déserté les cieux.
C'est Ismaël lui-même
Qui se rend à tes vœux.

ZÉNEYDE et NYN-DIA.

Ah ! le bonheur suprême
Luit enfin à mes yeux.
L'amour, l'amour lui-même
Va couronner ses vœux.

LES HOURIS, montrant Adolphe.

Pour un mortel qu'il aime
Il déserte les cieux.
C'est Ismaël lui-même
Qui se rend à vos vœux.

BALACHOU.

Ma surprise est extrême,
En croirai-je mes yeux ?
C'est Ismaël lui-même
Qui le rend à nos vœux.

ADOLPHE.

Oui, Nadir : le prophète, touché de ton désespoir, te laisse encore sur cette terre d'épreuve... (En riant.) dont au surplus tu n'étais pas sorti. J'espère que maintenant vous ne regrettez plus les trente femmes que je vous avais données!... Mon cher Nadir, croyez-en un Européen, un Français, nos usages valent bien les vôtres... chez vous l'inconstance est la religion dominante, chez nous elle n'est que tolérée... un bon ménage, de l'amitié, de la confiance, une seule femme qui nous aime... voilà le paradis sur terre !

TOUS.

Heureux destin, bonheur suprême !
L'amour forme ces nœuds chéris;
Femme jolie et qui nous aime,
Voilà, voilà le paradis !

LA PETITE LAMPE MERVEILLEUSE

OPÉRA-COMIQUE-FÉERIE EN TROIS ACTES

En société avec M. Mélesville

MUSIQUE DE A. PICCINI.

Théatre du Gymnase. — 29 Juillet 1822

PERSONNAGES.	ACTEURS.
ABOUL-HASSAN, sultan de Cachemire... MM.	BERNARD-LÉON.
XAILOUM, alchimiste, sous le nom de Barkam.	ÉMILE.
ALI-KAS-KAS, vizir............	PROVENCHÈRE.
BOHETZAD, officier du sultan.......	CHALBOS.
UN GARÇON PATISSIER.........	—
FARUCK-NAZ, fille d'Aboul-Hassan.... Mmes	MÉRIC-LALANDE.
MASSOUD, jeune orphelin.........	FLEURIET.
ALADIN, son frère cadet.........	LÉONTINE FAY.

FEMMES DE LA PRINCESSE. — SUITE. — GARDES. —
ESCLAVES. — GARÇONS PATISSIERS.

Dans la ville de Cachemire.

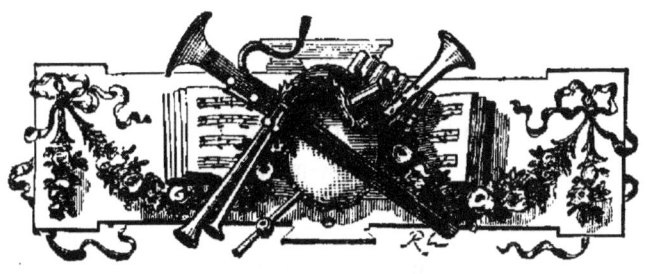

LA PETITE
LAMPE MERVEILLEUSE

ACTE PREMIER

L'intérieur de la boutique d'un pâtissier. — Au fond, un peu sur gauche, le four, les pelles et les fagots; sur la droite une fenêtre élevée; le mur, au-dessous de la fenêtre, est dégradé, et l'on voit plusieurs crevasses qui sillonnent le plâtre. Porte à droite et à gauche.

SCÈNE PREMIÈRE.

MASSOUD, ALADIN, PLUSIEURS GARÇONS PATISSIERS.

(Ils sont en manches de chemise, les bras retroussés; ils s'occupent nettoyer le four, et préparent des gâteaux; Massoud, seul, est dans un coin, les bras croisés, et paraît absorbé dans ses réflexions.)

INTRODUCTION.

LE CHOEUR.
Allons, mettons-nous à l'ouvrage,
Allons, redoublons de courage,

Et surtout travaillons gaîment;
Le travail s'abrége en chantant.

MASSOUD, à lui-même.

Dieux! qu'elle a d'attraits en partage!
Comme elle est belle! et quel dommage,
Au lieu d'être prince ou sultan,
De porter le tablier blanc!

LE CHOEUR.

Il faut contenter notre maître.

MASSOUD, regardant par la porte vitrée.

Si je pouvais la voir paraître!...
Ah! quel bonheur pour son amant!

LE CHOEUR.

Ne perdons pas un seul instant.

ALADIN, chantant en travaillant.

J'aime les tartelettes,
Mais savez-vous comment?
C'est vraiment
Quand elles sont bien faites,
Qu' gn'y a du beurr' dedans.
Mes enfants,
Dieux! quel air friand!
Vite achetez-m'en,
Ne perdez pas de temps,
Ils sont tout chauds et tout bouillants.

MASSOUD.

Tais-toi donc, Aladin.
Depuis une heure il chante!
Dieux! quel ennuyeux refrain!
Sa gaîté m'impatiente.

ALADIN.

C'est pour te divertir.

MASSOUD.

Mais veux-tu bien finir!

LE CHOEUR.

Allons, mettons-nous à l'ouvrage, etc.

ALADIN, reprenant.

J'aime les tartelettes, etc.

(Après le chœur, tous les garçons pâtissiers rentrent dans l'intérieur de la maison, Aladin et Massoud restent seuls sur le théâtre.)

ALADIN.

Quelle mine!... quelle odeur! Que c'est dur, à mon âge, de faire toute la journée des petits pâtés et de ne manger que du pain sec! Dis donc, Massoud, mon frère, l'heure avance, notre maître va revenir; et ton ouvrage?...

MASSOUD, sortant de sa rêverie.

Ah! mon Dieu! c'est vrai, cette tourte aux ananas, que je n'ai seulement pas commencée!

ALADIN, la lui montrant.

Tiens, la voilà!

MASSOUD.

Comment! il serait vrai!... dieux! Aladin, que tu es bon enfant de travailler pour moi!

ALADIN.

Il le faut bien, puisque tu es toute la journée les bras croisés et à soupirer; enfin tu n'es pas reconnaissable : tu étais déjà premier garçon dans cette boutique, tu avais des talents dans ton état, tu avais de l'esprit...

MASSOUD.

Moi!

ALADIN.

Oui, tu en as eu, pas beaucoup, mais enfin assez pour un homme seul; tandis que maintenant il faut que ce soit moi qui en aie pour deux, je ne peux pas y suffire.

MASSOUD.

Eh bien! si tu veux que je te dise le fin mot, je suis amoureux.

ALADIN.

La! je m'en doutais! quelle bêtise! au lieu de songer à

notre établissement !... Lui qui devrait être pâtissier pour notre compte, voilà qu'il devient amoureux pour le sien ! Ce n'est plus ça ; encore faut-il savoir si ça en vaut la peine, car si tu vas me donner une belle-sœur qui ne nous conviendra pas...

MASSOUD.

Apprends donc que...
(On entend en dehors une marche pendant laquelle Aladin et Massoud continuent à parler.)

ALADIN.

C'est la fille du sultan qui revient de la mosquée, et l'on avertit pour que personne ne paraisse aux fenêtres, ni dans la rue. Je vais fermer les portes de la boutique. (Il se retourne, aperçoit Massoud qui entr'ouvre le rideau de la fenêtre et qui regarde.) Eh bien ! qu'est-ce que tu fais donc là ?

MASSOUD.

Mon frère ! mon frère, c'est elle... Dieux ! qu'elle est bien ! imagine-toi que tous les jours je la vois ainsi... Ah ! mon Dieu ! elle s'éloigne, elle disparaît.

ALADIN.

Et si les gardes t'avaient vu, et qu'avec leurs flèches...

MASSOUD.

Qu'est-ce que cela me fait, pourvu que je la voie ?

ALADIN.

Allons, voilà les bêtises qui continuent ; comment ! il serait possible ? c'est de la belle Faruck-Naz, la fille du sultan de Cachemire, que tu es amoureux ! toi, dans ton état !

MASSOUD.

L'état n'y fait rien ! Je suis amoureux comme un prince, ainsi nous voilà de pair.

ALADIN.

Massoud ! Massoud ! m'entends-tu ? Viens donc ici, n'aie pas peur, je ne veux pas te gronder ! Tu es mon frère, mon aîné de dix ans, et je t'aime bien, parce que tu es bon, parce que, depuis que nous sommes orphelins, tu as eu soin de moi, et que dans nos moments les plus malheureux, tu avais toujours une dragée ou un biscuit à me glisser quand je pleurais... (Montrant son estomac.) Et ça, vois-tu? c'est toujours là! mais il faut que je te dise : tu n'es pas assez avancé pour ton âge, et si tu n'étais pas aussi simple, tu verrais que la fille du sultan... et toi... et puis... ensuite... à cause des... enfin tu dois me comprendre. (A part.) Mais c'est que c'est vrai, il est bête comme tout! Et s'il n'était pas mon frère, je lui ferais voir des étoiles en plein midi.

MASSOUD.

Dame! tu me fais toujours de la morale...

ALADIN.

Tu veux peut-être que je donne mon consentement à un mariage comme celui-là? Songe donc que si not' maître Barkam se doutait que l'amour te fît négliger la pâtisserie, il te mettrait à la porte, et moi aussi; tu sais comme il est brutal, méchant... (En baissant la voix.) et peut-être pire que tout cela!

MASSOUD.

Comment donc?

ALADIN.

Chut! je ne t'en ai pas parlé, parce que je ne voulais pas te faire peur; mais (Désignant la porte à gauche.) tu n'as pas remarqué dans cette salle toutes ces fioles, ces flacons de différentes couleurs?

MASSOUD.

Si fait, est-ce qu'il se mêlerait de sortiléges?

ALADIN.

Je ne sais, mais je le vois tous les jours s'enfermer dans son cabinet, même quand il n'y a pas de commande; ainsi ce n'est pas pour travailler de notre état.

MASSOUD.

Lui! il n'y entend rien! il n'est pas capable de confectionner une tartelette.

ALADIN.

Çà, il est vrai que toutes les fois qu'il a voulu se mêler de pâtisserie, il n'a jamais fait que des brioches... Hein! qui vient là?

(Les garçons pâtissiers rentrent.)

SCÈNE II.

Les mêmes; garçons patissiers.

UN GARÇON.

C'est de la part du maître, il dit qu'il lui faut dans une demi-heure les deux mille tartelettes qu'il a commandées.

MASSOUD.

Ah! mon Dieu! je les ai oubliées.

ALADIN.

Deux mille tartelettes!

MASSOUD.

Oui, une petite fête, un goûter que le sultan donne à ses enfants! Mais j'étais là depuis ce matin, à regarder à cette fenêtre, et je n'y ai pas du tout pensé.

ALADIN.

C'est fait de nous : deux mille tartelettes en une demi-heure! Encore s'il fallait les manger, je ne dis pas! Mais tuez-vous donc pour les enfants du sultan! Des bambins, j'en suis sûr! tant pis pour eux! ils se coucheront sans souper!

MASSOUD.

Écoute donc, il y en a déjà deux douzaines

ALADIN.

La belle avance! deux douzaines, sur deux mille, ça ne nous empêchera pas d'être battus! (Aux autres garçons.) Dites donc, vous autres, un moyen... nous ferions aussi bien de les manger, parce qu'à compter sur ce qui nous manque, ça ne paraîtra pas.

MASSOUD.

Qu'est-ce que tu dis donc là?

ALADIN.

Tant pis! je risque le tout pour le tout, et je commence.

TOUS, se précipitant sur les tartelettes.

Et moi aussi, et moi aussi.

MASSOUD, qui en a pris une le premier et qui la mange avec un grand sang-froid.

Par exemple, voilà une belle conduite!

ALADIN, qui en a pris une de chaque main.

Elles sont bonnes, tout de même; et les petits sultans auraient eu de l'agrément. Dieux! dans cette maison-ci comme on fait la pâtisserie fine et délicate!... Ah! mon Dieu!

(Il aperçoit Xaïloum, et laisse tomber la moitié de la tartelette.)

SCÈNE III.

Les mêmes; XAILOUM, vêtu d'une robe brune et portant un manuscrit sous le bras.

XAÏLOUM.

Qu'est-ce que je vois là? ma maison est au pillage! (Ils veulent tous se sauver, Xaïloum attrape Aladin par l'oreille et le ramène sur le devant du théâtre.) Ce petit malheureux-là, surtout, il n'en fait jamais d'autres!

ALADIN, criant en se tenant l'oreille.

Ah! la, la, la!

MASSOUD, qui était près de la porte, redescendant le théâtre.

Eh bien! eh bien! not' maître, ne battez pas mon frère, au moins...

XAÏLOUM.

Eh! qu'est-ce donc que tu ferais?

MASSOUD.

Je ferais... je ferais... que, s'il y a des coups à recevoir, j'aime mieux que ce soit moi.

ALADIN, bas en lui serrant la main.

Bon Massoud!...

XAÏLOUM.

Je ne veux pas vous garder plus longtemps; sortez de chez moi, petits fripons, je vous renvoie tous les deux.

ALADIN.

Il nous met à la porte, c'est bon, mais nos gages?

XAÏLOUM.

Qu'est-ce que c'est? qui a parlé?

MASSOUD.

Ce n'est pas moi, mais mon frère disait comme ça : **nos gages?**

XAÏLOUM, le menaçant.

Attends, attends, je vais te les payer comptant!

MASSOUD, entraînant Aladin.

Viens-t'en, mon frère, j'aime mieux ne rien recevoir.

ALADIN.

Du tout; où veux-tu que nous allions, quand nous serons à la porte, et sans argent? (s'avançant vers Xaïloum.) Je m'en vais, je m'en vais faire mon paquet, et je reviens lui parler; ah! je n'ai pas peur.

SCÈNE IV.

XAILOUM, seul.

Je suis enchanté d'avoir trouvé cette occasion, m'en voilà débarrassé ; ce petit Aladin surtout, malin, rusé, toujours l'oreille au guet ! J'avais un pressentiment qu'il me jouerait quelque mauvais tour ! heureusement je n'aurai bientôt plus besoin de ces ruses, de ces déguisements. Qui reconnaîtrait en effet, sous ce costume de maître pâtissier, le fameux Xaïloum, le plus célèbre alchimiste de l'Hindoustan ? mais il faut bien cacher son génie, ses connaissances, dans un siècle grossier où l'on brûle les savants et où les sots se chauffent aux dépens des gens d'esprit. (Il va fermer la porte du fond et redescend le théâtre en regardant autour de lui.) Quand je pense que c'est ici, ici même, que depuis plusieurs siècles ce talisman merveilleux est enfoui, inconnu ! Quel bonheur que j'aie pu acquérir cette maison, où je soupçonnais qu'il était enseveli !... Grâce à l'état que j'ai adopté, j'ai pu, sans éveiller de soupçons, consulter mes fourneaux, mes alambics, et c'est par eux que j'ai découvert enfin ce vieux manuscrit Chaldéen, qui seul peut me servir de guide. Lisons ces caractères mystérieux. (Il s'assied près de la table, lit bas, et regarde de temps en temps le pan de muraille qui est à droite, au fond.) Oui, c'est ici même, voilà bien la description qu'il en donne !... Cette pierre sur laquelle est gravé un *delta*, en la poussant comme il l'indique... (Il pousse la pierre, le pan de muraille s'écroule et laisse voir une large ouverture.) Grands dieux ! l'entrée du caveau ! je ne me sens pas de joie. Heureux Xaïloum ! maître de ce talisman merveilleux, je pourrai donc enfin posséder cette charmante princesse, cette divine Faruck-Naz, dont la beauté me poursuit en tous lieux !... (Il lit tout haut.) « C'est « au milieu de ce souterrain, sur un socle fait d'un seul « diamant, qu'est placée la Lampe Merveilleuse. L'escalier « qui y conduit est composé de cent quarante-deux marches,

« taillées dans le rubis... » (S'interrompant.) Je les aurai bientôt descendues. (Reprenant sa lecture.) Mais le premier qui les franchira doit y trouver la mort... » Grands dieux!... « Quatre de ces marches (et il est impossible de connaître lesquelles), quatre de ces marches sont constellées, et le mortel dont le pied téméraire en touchera une seule sera englouti avec elle dans les abîmes de la terre. » Que viens-je d'apprendre? « Après cette épreuve, le charme sera rompu, et nul danger ne menace ceux qui descendraient ensuite... » (Fermant le manuscrit.) Quel obstacle invincible!... faut-il s'exposer à une mort certaine? mais d'un autre côté, renoncer à un tel projet au moment de voir combler tous mes vœux! Que faire? quel parti prendre?

SCÈNE V.

XAÏLOUM, MASSOUD, ALADIN, frappant en dehors.

ALADIN.

Holà! holà, not' maître, ouvrez-nous.

XAÏLOUM.

Qui ose me déranger? encore ces deux frères! cet imbécile de Massoud, et ce méchant petit Aladin!... Si je pouvais me venger d'eux! ou plutôt, si je pouvais, par leur secours, mettre fin à cette entreprise; oui, c'est le seul moyen, et il est infaillible. (Il va leur ouvrir et leur dit brusquement.) Eh bien! que voulez-vous?

MASSOUD, bas à Aladin.

Dieux! qu'il a l'air méchant; je te dis que nous aurions mieux fait de nous en aller, sans demander notre compte.

ALADIN.

Peut-être bien, mais puisque nous y voilà!

XAÏLOUM.

Qu'est-ce qui vous amène?

MASSOUD, bas à Aladin.

Laisse-moi répondre. Tu es trop mauvaise tête.

ALADIN.

Eh non! tu parlerais trop doucement. Tu aurais l'air d'avoir peur. Attends, attends. (Allant à Xaïloum.) Enfin, not' maître, il nous faut nos gages, voilà ce que c'est!

XAÏLOUM.

Et si je voulais vous les retenir pour les tartelettes que vous m'avez mangées?

MASSOUD.

Dieux! c'est vrai, je n'y pensais pas!

ALADIN, à Massoud.

Laisse donc!... (A Xaïloum.) Si on les a mangées, on les paiera!

XAÏLOUM.

Ah! on les paiera.

ALADIN.

Oui, on sait ce que ça vaut des tartelettes, surtout quand on en fait.

XAÏLOUM, se levant et le menaçant.

Petit drôle! je ne sais pas ce qui me retient...

MASSOUD, à Aladin.

Mais tais-toi donc, il va te battre.

ALADIN, renfonçant sa tête dans ses épaules.

Ça m'est égal, je le lui rendrai plus tard, quand je serai de force!... Eh bien! m'a-t-il battu?

XAÏLOUM, à part, se reprenant.

Imprudent! j'allais tout perdre. (Haut.) Rassurez-vous, mes enfants, je ne voulais que vous éprouver, voir si vous aviez le courage de me résister; je suis content, et au lieu d'un sequin que je vous dois, vous en aurez deux.

MASSOUD et ALADIN.

Il serait possible!

IV. — 1.

XAÏLOUM.

Ce que j'aime avant tout, ce sont les petits garçons qui sont braves.

MASSOUD.

Oh bien! alors mon frère et moi, nous sommes bien votre fait.

XAÏLOUM.

Oui, comme cela en plein jour! mais si nous étions dans l'obscurité?

MASSOUD.

Ce serait la même chose.

XAÏLOUM.

C'est ce que je suis curieux de voir; tenez, j'ai là un petit caveau particulier où je serre mes vins précieux.

MASSOUD.

Tiens, nous ne le connaissions pas!

XAÏLOUM.

Je l'ai bien fait exprès! J'y suis descendu tout à l'heure et j'y ai laissé une lampe qui est au bas de l'escalier. Eh bien! mes enfants, je donne dix sequins à celui de vous qui sera assez hardi pour descendre la chercher.

ALADIN.

C'est bien malin, il n'y a pas de danger, et si je voulais, je descendrais bien vite.

XAÏLOUM, à part.

A merveille.

ALADIN, apercevant le geste de joie de Xaïloum.

Mais je ne veux pas.

XAÏLOUM.

Et pourquoi?

ALADIN.

Parce que...

XAÏLOUM.

Mais encore?

ALADIN.

Parce que vous êtes capable de nous tromper, et de ne pas nous payer les dix sequins.

XAÏLOUM.

Ah! tu es soupçonneux?... eh bien! pour t'apprendre à me connaître, au lieu de dix, en voilà vingt que je donne d'avance à ton frère Massoud.

ALADIN.

Il serait vrai! mon bon frère, nous voilà riches pour longtemps, et sans que tu sois obligé de travailler; j'y descends vite.

MASSOUD, le retenant.

Non, Aladin, j'ai envie que ce soit moi.

ALADIN.

Laisse donc! tu es si maladroit que tu te casserais le cou; embrasse-moi, seulement.

XAÏLOUM, les regardant s'embrasser.

Ils font bien, ils ont raison.

MASSOUD.

Tu n'auras donc pas peur?

ALADIN.

Tiens, par exemple, est-ce qu'un homme doit avoir peur? c'est bon pour un enfant. (Il regarde l'ouverture du souterrain.) C'est joliment noir, tout de même, et si je ne m'étais pas tant avancé... (Bas à Massoud.) Dis donc, mon frère, tu es toujours là, n'est-ce pas? Chante quelque chose pendant que je descends, ça tient compagnie. Allons, je me risque; au petit bonheur!

MASSOUD.

Eh bien! il disparaît, est-il intrépide! Aladin! mon frère! Comme il est déjà loin! on ne le voit plus.

(Il chante en tremblant.)

J'aime les tartelettes, etc.

XAÏLOUM.

Eh bien! tu chantes?...

MASSOUD.

C'est mon habitude. (Il chante un peu fort.) Aladin, m'entends-tu? Réponds-moi donc, hein...

(Il écoute.)

XAÏLOUM.

A merveille, et bientôt j'espère... (On entend une violente explosion.) C'est fini!

(La nuit couvre le théâtre.)

MASSOUD.

Ah! mon Dieu! que lui est-il arrivé? Voilà vos sequins, je n'en veux plus, je veux aller voir mon frère.

XAÏLOUM.

J'y vais moi-même.

MASSOUD.

Je veux vous accompagner.

XAÏLOUM.

Et moi, je ne le veux pas! Je t'ordonne de rester là, dans cette chambre, à m'attendre. (Il le pousse dans la chambre à droite et l'enferme.) Qu'est-ce donc que cela? (Avec joie.) Hâtons-nous, rien ne m'empêche plus maintenant de m'emparer de ce trésor.

(Il descend précipitamment par le souterrain; au même moment, le four qui est au fond du théâtre s'ouvre, et Aladin paraît, tenant la lampe à la main.)

SCÈNE VI.

ALADIN, seul, appelant à voix basse.

Massoud... mon frère!... Il n'y est plus; il paraît tout de même que je l'ai échappé belle; cet escalier n'en finissait pas, et quand j'ai aperçu la lumière de cette lampe, il ne restait plus qu'une demi-douzaine de marches, que j'ai sautées d'un seul bond, pour arriver plus vite; patatra !... voilà les quatre dernières qui s'enfoncent, et si j'en avais touché une seule, à ce que m'a dit ce grand vilain génie qui est mon domestique... Dieux ! est-il laid ! et cette grosse voix : *Que veux-tu ? je suis à tes ordres, comme le génie de la lampe.* (Il regarde autour de lui, pour voir si on l'écoute.) J'avoue que j'ai fermé les yeux un petit brin ; mais je n'ai pas lâché ma lampe ; au contraire, je la serrais joliment, tant je tremblais.

COUPLETS.

Premier couplet.

Dieux ! que c'est beau... partout des vases
Pleins de rubis étincelants ;
Puis des colonnes de topazes,
Des murailles de diamants.
A ma lampe tout rend hommage,
Et ses trésors sont mon partage ;
Je suis plus riche qu'un sultan !
 (Regardant sa lampe.)
 Le joli talisman !

Deuxième couplet.

Il me l'a dit... comme à son maître,
Il doit m'obéir désormais !
D'un seul mot, je ferai paraître
Et des jardins et des palais.
Tout cède à mon ordre suprême,
Et quand j'aurai faim, je puis même
Faire un pâté de mon turban.
 Le joli talisman !
 (Il pose la lampe sur une table près du caveau.)

Ah çà ! n'oublions rien de tout ce qu'il m'a dit ; d'abord il ne faut pas en parler à mon frère, il est si simple, si bon enfant, qu'il me ferait faire quelque sottise ; ensuite, pour me garantir des pièges, que je ne me trompe pas : tant qu'elle est allumée comme la voilà, personne ne peut me la voler, et il n'y a que le propriétaire qui puisse l'éteindre ; ainsi, c'est une affaire réglée, je ne crains pas qu'on me la souffle, car le jour, je la porterai toujours sur moi, et le soir je l'allumerai avant de m'endormir ; ça me servira de lampe de nuit. Allons retrouver Massoud. (S'arrêtant.) Oh ! non, je n'irai pas me coucher aujourd'hui avant d'avoir demandé quelque chose, puisqu'il n'y a qu'à frotter pour que ça vienne ! Voyons, qu'est-ce que je vais demander ?... pour moi, je n'ai besoin de rien, mais pour mon frère, ce pauvre Massoud qui ne pense qu'à son amour et à sa princesse... eh bien ! j'en vais faire un petit seigneur ; songeons d'abord au costume, c'est le principal ; oui, c'est ça. (Frottant la lampe.) Un petit turban avec un oiseau de paradis, et puis pour robe de chambre... pour sa robe de chambre, une robe d'or pour commencer, et puis nous verrons après... crac !

SCÈNE VII.

ALADIN, MASSOUD, avec de riches habits en or et un turban.

MASSOUD.

Ah ! mon Dieu, qu'est-ce que ça veut dire ? voilà que ça vient de me prendre ; crac ! ma veste blanche et mon turban qui se sont envolés. (Apercevant Aladin.) Mon bon frère, c'est toi que je revois ; il ne t'est donc rien arrivé ?

ALADIN.

Du tout.

MASSOUD.

Eh bien ! à moi, c'est différent ; un fameux événement regarde comme me voilà.

ALADIN.

Cela t'étonne? tu vas en voir bien d'autres.

(Musique à l'orchestre.)

MASSOUD, se retournant vers le fond.

Hein! qu'est-ce que cela?

ALADIN.

Puissant génie, ô toi, mon nouveau serviteur,
   D'un tendre amant viens combler le bonheur.
     Tu m'entends, vite à l'ouvrage,
      Et sur un léger nuage,
     Ici transporte promptement
   Et la princesse et son appartement.

(Pendant ce morceau, Aladin a une seconde fois frotté la lampe : le fond du théâtre s'entr'ouvre et laisse voir des nuages qui peu à peu se dissipent. On aperçoit la princesse Faruck-Naz endormie sur un lit de repos et entourée de ses femmes, qui dorment également. Le sopha s'avance lentement auprès des deux frères.)

MASSOUD.

  Quelle surprise extrême!
  En croirai-je mes yeux?
  La princesse elle-même
  Apparaît en ces lieux!

ALADIN, à la princesse.

  Dans l'ivresse où te plonge
  Un rêve fortuné,
Princesse, tu vois en songe
L'époux qui t'est destiné!

FARUCK-NAZ, en dormant.

L'époux qui m'est destiné!

ALADIN.

C'est un prince de grand renom.

MASSOUD, bas à Aladin.

Y penses-tu?

ALADIN, de même.

Mais tais-toi donc,

Et surtout laisse-moi faire.

(A la princesse.)

Oui, c'est Massoud, sultan de l'île des *Pantins*,
Un des plus grands royaumes de la terre,
Qui vient mettre à vos pieds son trône et ses destins.

(Aladin met un anneau au doigt de Faruck-Naz et donne à son frère celui de la princesse ; pendant ce temps, Xaïloum paraît à l'entrée du caveau et s'arrête en les voyant.)

XAÏLOUM.

Que vois-je ! ô hasard infernal !
Ce talisman, mon unique espérance,
La lampe est en leur puissance,
Et Massoud est mon rival !

Si je pouvais du moins...

(Il veut prendre la lampe qui est placée sur une table, la flamme s'élance contre lui.)

ALADIN, à Faruck-Naz, après avoir mis la bague à son doigt.

Quand il en sera temps, que cet anneau, princesse,
Vous rappelle votre promesse.

(Montrant Massoud.)

De son amour, bientôt, j'espère,
Vous connaîtrez les effets,
Car nous allons au palais
Vous demander à votre père.

Ensemble.

MASSOUD.

De mon amour, bientôt, j'espère, etc.

ALADIN.

De son amour, bientôt, j'espère, etc.

XAÏLOUM.

Ciel, ils se rendent au palais !
Avec adresse suivons-les,
Et le hasard prospère
Peut réparer, j'espère,

Tous les maux qu'ils m'ont faits.

(La princesse et ses femmes s'éloignent comme elles étaient venues. Des nuages les dérobent à la vue. Aladin prend sa lampe, l'éteint, la met dans son sein et sort avec Massoud.)

SCÈNE VIII.

XAILOUM, seul.

Ils s'éloignent; ils se rendent au palais, mais je saurai les y rejoindre; heureusement il me reste encore un talisman : quelques pièces d'or, et avec cela on pénètre partout, même dans les jardins du sultan.

AIR.

Ah ! qu'ils redoutent ma vengeance !
Je puis détruire leur bonheur;
Je n'ai pas perdu ma puissance,
Tant qu'il me reste ma fureur

A quoi m'a servi ma science,
Mon empire sur les lutins ?
D'un faible enfant les seules mains
Ont renversé mon espérance !
Hier encor, je me voyais
Maître de la terre et de l'onde,
Avec orgueil je commandais
A tous les monarques du monde ;
Un souffle a détruit mes palais
Et mes trésors et mes sujets...
Et je les épargnerais !

Non, qu'ils redoutent ma vengeance, etc.

(Il sort.)

ACTE DEUXIÈME

Les jardins du sultan.

SCÈNE PREMIÈRE.

XAILOUM, ALADIN et MASSOUD.

ALADIN, tenant toujours sa lampe sous le bras, et serrée contre sa poche.

Eh bien ! es-tu content ? Tu as voulu que je te menasse d'abord chez la princesse.

MASSOUD.

Ah ! mon ami, comme elle est belle ! Et quel a été son étonnement en reconnaissant sa bague et l'époux qu'elle avait vu en songe !... pourquoi faut-il que tu nous aies séparés si vite ?

ALADIN.

Voilà plus d'une demi-heure que vous êtes ensemble dans son appartement. Et sais-tu, mon frère, que tu as été très-bien ! tendre, aimable, galant, tu avais même de l'esprit.

MASSOUD.

Laisse donc, je n'ai pas pensé seulement à en avoir.

ALADIN.

C'est peut-être pour cela.

XAÏLOUM, passant dans un buisson.

Les voilà, ne les perdons pas de vue !

MASSOUD.

Tu sais qu'elle nous a permis de la demander en mariage à son père.

ALADIN.

C'est ce que nous allons faire; viens, suis-moi.

SCÈNE II.

Les mêmes; BOHETZAD.

(Au moment où Massoud et Aladin se présentent à la porte du fond, Bohetzad, le chef des gardes, les arrête.)

BOHETZAD.

On ne passe pas.

ALADIN.

Nous voulons parler au sultan.

BOHETZAD.

Raison de plus.

ALADIN.

Tiens, raison de plus! parce qu'ils sont à la porte du palais, ils sont plus fiers que s'ils étaient dedans; qu'est-ce que c'est donc que cela?...

MASSOUD, du même ton.

Oui, qu'est-ce donc que cela?

SCÈNE III.

Les mêmes; ALI-KAS-KAS, entrant.

ALI-KAS-KAS.

Eh bien! eh bien! d'où vient ce bruit?

BOHETZAD.

Ce sont ces deux enfants qui veulent absolument paraître devant Sa Hautesse.

ALI-KAS-KAS.

Devant Sa Hautesse, de petits drôles, de petits aventuriers; apprenez que Sa Hautesse ne reçoit point de petits sots tels que vous.

ALADIN, le regardant.

Tiens, de petits sots; de quelle taille les lui faut-il donc?

MASSOUD, de même.

Oui, de quelle taille? mon frère dit : de quelle taille?

BOHETZAD, bas à Aladin.

Taisez-vous donc, c'est le vizir Ali-kas-kas qui était là occupé, et que vous venez d'interrompre.

ALADIN.

Ah! c'est le grand vizir... c'est bien malheureux.

ALI-KAS-KAS.

Qui est-ce qui a osé parler?

MASSOUD.

C'est mon frère, il a dit que c'était bien malheureux.

ALI-KAS-KAS.

Et de quelle part voudriez-vous parler à Sa Hautesse?

ALADIN.

De quelle part? de la mienne.

ALI-KAS-KAS.

De la vôtre?

ALADIN.

Apparemment, moi je n'ai pas de vizir; et il faut que je fasse mes affaires moi-même.

ALI-KAS-KAS.

Par Mahomet! je ne sais si je veille; et que voulez-vous demander au sultan?

ALADIN.

Sa fille en mariage.

ALI-KAS-KAS.

Sa fille en mariage! la divine Faruck-Naz, qui est réservée à mon fils, qui doit me succéder. (Aux gardes.) Holà!

quelqu'un, que justice soit faite, et qu'on le mette à la porte avec la bastonnade.

ALADIN.

Comment ! la bastonnade ?

ALI-KAS-KAS.

Qu'est-ce que c'est qu'un petit drôle comme celui-là ?
(Il lui tire l'oreille et sort.)

SCÈNE IV.

LES MÊMES, excepté Ali-Kas-Kas.

ALADIN, se tenant l'oreille.

Ah ! la, la, la, en voilà une qui a du malheur aujourd'hui. (A son frère.) Dis donc, y est-elle encore ?

MASSOUD.

Oui, un peu plus longue que l'autre, seulement.

ALADIN.

Attends, attends, je vais allonger les siennes. (Il frotte sa lampe.) Une paire d'oreilles d'âne au grand vizir ! Aussi, c'est ma faute, j'aurais pu d'un seul mot... (Voyant les gardes que Bohetzad a mis en bataille et qui s'avancent pour l'arrêter.) Qu'on se rende près du sultan ; qu'on lui dise que l'ambassadeur du prince Massoud-Broudoulboudour vient demander sa fille en mariage, et qu'il veut avoir audience sur-le-champ. (Frottant sa lampe.) Marche !

(Les gardes font volte-face et se disposent à sortir.)

MASSOUD, étonné.

Eh ! mais, vraiment, ils y vont.

ALADIN.

Je crois bien ; et plus vite que cela.

(Il frotte la lampe, et les gardes, qui marchaient lentement, prennent le pas accéléré.)

BOHETZAD, à Aladin.

Je me permettrai de faire une observation à Votre Hautesse.

ALADIN.

Ma Hautesse... à qui parle-t-il ?

MASSOUD.

Eh bien ! à toi.

BOHETZAD, lui montrant son habit de garçon pâtissier qu'il a toujours conservé.

C'est qu'on ne se présente pas devant le sultan en pareil costume !

ALADIN.

C'est donc pour cela que vous n'avez pas voulu me permettre d'entrer tout à l'heure ?

BOHETZAD.

Certainement.

ALADIN.

Fallait donc le dire ; si j'avais su qu'il n'y eût pas besoin d'autre laissez-passer... Je vais donc mettre un bel habit !

(On entend un commencement de marche.)

BOHETZAD.

Vous ne pourrez pas ; j'entends venir le cortége du sultan, vous avez à peine une minute.

ALADIN.

Il ne me faut pas tant ; à moi, mon valet de chambre !... crac !...

(Il frotte sa lampe, et se trouve en habit de page très-élégant ; la marche continue toujours.)

BOHETZAD, regardant le fond.

Voici Sa Hautesse.

ALADIN, à Massoud.

Sois tranquille ! je vais lui faire un beau discours, et avec les gestes... Ah ! mon Dieu ! et ma lampe, je ne peux pas l'avoir à la main ! Tiens-la-moi un instant, et prends bien garde...

MASSOUD.

Sois donc tranquille. (A part.) Je ne sais d'où vient l'amour qu'il a pour les lampes.

(Les gardes du sultan commencent à paraître.)

ALADIN.

C'est le sultan ; reste là, à côté, pendant notre conférence ; je t'appellerai quand il faudra.

XAÏLOUM, à part, montrant sa tête au milieu du buisson.

C'est l'imbécile qui la tient, suivons-le ; à tout prix, il faut que je m'en empare.

(Il suit Massoud en se glissant derrière les bosquets et les arbres.)

SCÈNE V.

ALADIN, LE SULTAN, Officiers, Gardes, Suite.

LE CHOEUR, qui termine la marche.

Amis, rendons hommage
Au descendant d'Ali ;
Que tout, sur son passage,
S'incline devant lui !

LE SULTAN, sans voir Aladin.

Par les babouches de *Vichnou*, je n'ai jamais rien vu d'aussi extraordinaire ! mon grand vizir, la lumière du Divan, qui, en voulant baiser la poussière de mes pieds, me découvre une paire d'oreilles !... C'est affreux ! Je ne puis décemment le laisser commander dans le Divan dans cet état-là ; tant que cela n'était pas prouvé, je ne dis pas, mais maintenant !

ALADIN, à part.

Il paraît que j'y ai mis la bonne mesure.

LE SULTAN.

Et pour surcroît d'embarras, un prince qui fait demander ma fille en mariage ; moi qui n'ai jamais pu concevoir deux affaires à la fois!... Voyons, où est cet ambassadeur?

ALADIN.

Aux pieds de Votre Hautesse.

LE SULTAN.

Comment! un ambassadeur pas plus haut que cela! Un diplomate en abrégé! C'est vous, mon petit ami, qui êtes envoyé par le prince Broud... Broud... je ne peux pas retenir ce nom-là...

ALADIN.

Le prince Broudoulboudour ; et pour obtenir la belle Faruck-Naz, il n'est rien qui lui soit impossible.

AIR.

Parlez, que faut-il faire?
Pour la mériter en ce jour,
Faut-il vous soumettre la terre
Tout est facile à son amour.
  Les richesses de l'Asie,
  Les parfums de l'Arabie,
Esclaves de la Géorgie,
  Vous les posséderez tous.
  Les diamants de Golconde,
  Les trésors cachés sous l'onde,
  Et la couronne du monde,
  Tout cela n'est rien pour nous.

Ensemble.

LE SULTAN.

Ah! quelles brillantes promesses!
Quel pouvoir, et que de richesses!
Sans le connaître, en vérité,
Du prince je suis enchanté.

ALADIN.

Oh! rien n'égale ses richesses,
Et vous en serez enchanté.

LE SULTAN, à part.

Voilà qui est à considérer, d'autant plus que je ne puis donner à ma fille le vizir pour beau-père, après les choses singulières qu'on lui a mises en tête. (A Aladin.) Vous dites donc que je puis demander au prince...

ALADIN.

Tout ce que vous voudrez ! dans trois minutes vous l'aurez.

LE SULTAN.

C'est un peu fort ! Je vous avoue que je suis au moment de remonter ma cavalerie, et que dix mille chevaux, quinze cents chameaux et deux cents éléphants...

ALADIN.

Dans trois minutes ils seront dans vos écuries, tout équipés !

LE SULTAN.

Oui ! mais entendons-nous, dix mille chevaux arabes, tous, et pas de races croisées ?

ALADIN.

C'est convenu, ils y sont, c'est-à-dire ils y seront ; après ?

LE SULTAN.

Douze cents esclaves pour me servir.

ALADIN.

C'est fait : chaque esclave portera un vase d'or; chaque vase d'or sera rempli de... (Cherchant.) Voyons, quelque chose de bon, des meringues à la crème...

LE SULTAN.

Ça n'est pas mauvais, mais j'aimerais mieux des perles ou des diamants.

ALADIN.

Chacun son goût; j'aimerais mieux les meringues; mais, va pour les diamants !

LE SULTAN, transporté.

Serait-ce possible ? A ce prix-là, ma fille sera l'épouse d'un prince si généreux.

ALADIN.

Parlez. Si vous voulez encore quelque chose, ne vous gênez pas.

LE SULTAN.

Un moment; et qui me répondra que vous ne me trompez pas? Par Brahma! celui qui oserait se jouer de moi...

ALADIN.

Si dans trois minutes ce que je vous promets n'est pas dans votre palais, je consens que le seigneur Broudoulboudour soit empalé.

LE SULTAN.

C'est quelque chose, voilà des garanties; et vous?

ALADIN.

Moi!... tout ce qui sera agréable à Votre Hautesse.

LE SULTAN.

A la bonne heure! Son assurance me confond; vous dites, trois minutes?

ALADIN.

Mon Dieu! le temps de descendre dans les cours de votre palais.

LE SULTAN.

Ma foi, je n'y tiens plus, et je suis curieux de vérifier; à moins que je ne voie de mes propres yeux... (A sa cour.) Suivez-moi. (Aux chefs des gardes.) Et vous, veillez provisoirement sur M. l'ambassadeur, vous m'en répondez sur vos têtes. (Il sort avec Bohetzad; toute sa suite sort après lui. En sortant, il jette le mouchoir à l'une de ses femmes.)

SCÈNE VI.

ALADIN, puis MASSOUD. Quelques GARDES sont restés sur la scène.

ALADIN, sautant de joie.

Victoire! elle est à nous! (Il appelle Massoud.) Ohé, Massoud! j'ai fait une bonne affaire.

MASSOUD, paraissant.

Et moi aussi.

ALADIN, l'embrassant.

C'est ce que je veux dire... tu épouses la princesse, le père consent; hein! est-ce là une surprise?

MASSOUD, l'embrassant.

Ah! mon cher Aladin, mon excellent frère, comment pourrai-je jamais reconnaître...

ALADIN, préoccupé.

C'est bon, donne-moi la lampe. (Regardant les gardes.) Passe-la-moi, sans qu'ils le voient.

MASSOUD.

Tiens.

(Il lui glisse une autre lampe plus neuve, qu'Aladin met dans son sein, sans la regarder.)

ALADIN.

Comptons un peu et n'oublions rien.

(Il compte sur ses doigts.)

MASSOUD.

Il ne s'aperçoit pas du changement : l'autre qui était vieille, celle-là qui est neuve; et ce brave marchand ne pas me demander de retour!

ALADIN.

Regarde ici, dans les cours du palais, tu vas les voir paraître; nous disons : dix mille chevaux. (Il frotte la lampe.) Voilà les chevaux; quinze cents chameaux : voilà les chameaux. (Il frotte.) Les esclaves, les meringues... non, non, non, pas les meringues; ah! diable, elles sont commandées; vous les garderez pour moi; les perles, les diamants, les vases d'or; allez, allez, j'espère qu'ils seront contents; eh bien! vois-tu tout ça?

MASSOUD, monté sur les degrés du jardin, et regardant dans les cours du palais.

Je ne vois que le sultan : comme il a l'air en colère! il

regarde de ce côté en menaçant. Ah! mon Dieu! des gardes arrivent par ici; sauvons-nous.

ALADIN.

Nous sauver! ah bien oui! est-ce que tu as peur avec moi? nous allons joliment nous amuser. Puisqu'ils nous cherchent, je vais nous rendre invisibles, et donner des coups de pied dans les jambes du chef des eunuques. (Il frotte la lampe.) Tiens, nous sommes invisibles.

MASSOUD.

Invisibles?

ALADIN.

Sans doute.

MASSOUD.

Qu'est-ce que tu dis donc? mais je te vois.

ALADIN.

Oui, nous deux, nous nous voyons; mais les autres! tu vas en juger, les voici.

SCÈNE VII.

Les mêmes; BOHETZAD, Gardes.

BOHETZAD.

Où sont-ils, où sont-ils?

ALADIN, riant.

Oui, cherche, cherche.

BOHETZAD, arrêtant Massoud.

J'en tiens un.

MASSOUD.

Ah! ah!

ALADIN.

Eh bien! qu'est-ce que cela veut dire? (Il frotte sa lampe.) Allons donc!

BOHETZAD, apercevant Aladin.

Et je crois apercevoir l'autre.

ALADIN, troublé et changeant de place.

Comment! il me voit! je n'ai donc pas frotté du bon côté. (Aux gardes.) Un moment, ça n'est pas de jeu. (Il frotte.) Invisible!

BOHETZAD, courant après lui.

Oh! tu ne nous échapperas pas!

ALADIN, courant dans tous les coins et frottant sa lampe.

Eh bien! eh bien! ils me voient encore! maudite lampe... attendez donc, donnez-moi le temps.

(On l'arrête.)

SCÈNE VIII.

Les mêmes; LE SULTAN, FARUCK-NAZ, Suite du sultan, Femmes de la suite de Foruck-Naz.

LE SULTAN, à Bohetzad.

Arrêtez, Bohetzad, respectez la personne de M. l'ambassadeur; les présents annoncés se sont fait attendre un peu, mais enfin, ils viennent d'arriver; il faut être juste, on ne peut pas expédier une commande comme celle-là en un instant.

LE SULTAN.

Mais où donc est mon noble gendre?
Que je le serre dans mes bras.
Parlez... pourquoi ne vient-il pas?

ALADIN.

Ah! seigneur!

SCÈNE IX.

LES MÊMES; XAÏLOUM, paraissant.

XAÏLOUM, vêtu magnifiquement, la tête couverte d'un turban enrichi de pierreries.
Le voici.

ALADIN, MASSOUD et FARUCK-NAZ.
Dieux! que viens-je d'entendre?

XAÏLOUM.
Oui, c'est moi qui suis votre fils;
Vous avez vu le présent que mon page
(Montrant Aladin.)
En mon nom vous avait promis?

LE SULTAN.
Faruck-Naz est à vous.

ALADIN regarde sa lampe.
O désespoir! ô rage!

FARUCK-NAZ, regardant Xaïloum.
Mais, juste ciel! quel changement!

ALADIN.
Ah! c'est ce fourbe de Barkam
Qui possède mon talisman.

XAÏLOUM.
A la mosquée hâtons-nous de nous rendre,
Pour cet hymen on nous attend.

ALADIN, au sultan.
Seigneur, daignez m'entendre.

LE SULTAN.
Partons.

LE CHŒUR.
Partons.

ALADIN.

Ah ! je succombe à mon tourment.

LE CHOEUR.

Par des chants d'allégresse
Célébrons un lien aussi doux.

FARUCK-NAZ.

Jour d'allégresse,
Éloignez-vous.
Pour ma tendresse
Dieux ! quel époux

ALADIN et MASSOUD.

Jour de tristesse
Et de courroux !
De la princesse
Il est l'époux !

LE CHOEUR.

Jour d'allégresse !
Bénissons tous
Et la princesse
Et son époux.

(Le sultan et Faruck-Naz sortent, toute leur suite les accompagne ; Massoud et Aladin suivent le cortége en témoignant le plus violent désespoir.)

ACTE TROISIÈME

L'appartement de la princesse, orné de draperies à l'orientale. — A droite, un sopha; à gauche, une pile de carreaux près d'un guéridon élégant; dans le fond, des vases et de grandes corbeilles remplies de présents, d'étoffes précieuses; en avant et presque à côté du sopha un trépied à brûler des parfums, qui est soutenu par deux figures d'enfants, vêtus à l'indienne; au fond, quatre globes de gaze, qui renferment des lumières et ne répandent sur la scène qu'un demi-jour. La rampe est baissée.

SCÈNE PREMIÈRE.

ALADIN entre doucement, en soulevant une draperie du fond.

Personne ne m'a vu entrer. Grâce au tumulte qui règne dans le palais, je suis parvenu à m'introduire dans l'appartement de la princesse; ce n'est pas sans peine... et ce billet que je lui ai fait remettre dans un bouquet... a-t-il fallu de l'adresse! c'était bien plus commode quand j'avais ma lampe, je n'avais qu'à commander, et il n'y avait pas besoin d'esprit pour cela. Voilà donc la chambre nuptiale, et c'est ce coquin de Barkam qui a pris la place de mon frère! Oh! c'est fini, ils sont mariés, je les ai aperçus de loin qui revenaient de la mosquée... Et mon bon frère qui voulait aller se tuer! je lui ai dit d'attendre un peu et que, si ça ne réussissait pas, j'irais avec lui. (Tirant son mouchoir.) Certainement, je lui dois ça, ce pauvre garçon, je suis sûr que ça lui fera plaisir. (On

entend la musique qui annonce l'arrivée de Faruck-Naz et de ses femmes.)
On vient, cachons-nous vite.
(Il se cache dans un coin de l'appartement, à droite.)

SCÈNE II.

ALADIN, caché; FEMMES de la suite de Faruck-Naz portant des parfums et des fleurs; FARUCK-NAZ, couverte d'un grand voile, entre après ses femmes, et va s'asseoir sur une pile de carreaux qui se trouve dans l'appartement.

LE CHŒUR.

Dieu du mystère
Et de la volupté,
Que rien n'éclaire
Cet asile enchanté.

(Pendant ce chœur une des femmes place sur la tête de Faruck-Naz une couronne de fleurs, une autre lui présente un bouquet, d'autres mettent la dernière main à sa parure.)

ROMANCE.

FARUCK-NAZ.

Premier couplet.

Il va venir;
Dans un tel jour lorsque le cœur s'agite
Et d'espérance et de plaisir,
C'est d'effroi seul qu'ici le mien palpite:
Il va venir!

Deuxième couplet.

Il va venir;
Hélas! celui pour qui seul je soupire,
A jamais il faudra le fuir.
En l'attendant, ah! que ne puis-je dire:
Il va venir!

Que vois-je! un billet parmi ces fleurs... lisons. (Elle déroule le papier, qu'elle lit tout bas.) O ciel! celui qui se dit mon époux n'est qu'un imposteur, un magicien... (A ses femmes.) Laissez-moi. (Les femmes s'éloignent, et Aladin, sortant du lieu où il était caché, s'avance vers Faruck-Naz au moment où elle dit :) D'où peut me venir un pareil avis?

ALADIN.

De moi.

FARUCK-NAZ.

O ciel! toi dans ces lieux!

ALADIN.

Promettez-vous de me seconder? Si vous parvenez à lui faire éteindre sa lampe, nous sommes sauvés; c'est tout ce que je vous demande.

FARUCK-NAZ.

Et par quel moyen?

ALADIN.

Je ne sais, mais il est amoureux; vous êtes si jolie! et vous savez bien ce qu'on appelle de la coquetterie?

FARUCK-NAZ.

Moi! avoir recours à l'adresse, à la ruse!

ALADIN.

C'est ce que je voulais dire.

FARUCK-NAZ.

Et si ce projet ne réussit pas, si on te découvre?

ALADIN.

C'en est fait de mes jours, je le sais bien; mais de l'autre manière c'est tout de même, puisque Massoud est là-bas qui m'attend pour ça.

FARUCK-NAZ.

Il serait vrai!... Je n'hésite plus, je ferai ce que tu me dis. On vient; ah! que j'ai peur!

ALADIN.

Et moi donc ! mais c'est égal, je vous défendrai.

(Il s'unit, en prenant la même position, aux deux figures d'enfants indiens qui supportent le trépied de parfums, de manière qu'il fait corps avec eux et semble faire partie du trépied.)

SCÈNE III.

ALADIN, FARUCK-NAZ, XAILOUM, tenant à la main sa lampe allumée.

XAÏLOUM, à part.

Tous mes vœux sont exaucés ; elle est enfin en ma puissance.

(Il pose la lampe sur le trépied, s'approche lentement de Faruck-Naz, qu'il regarde avec tendresse; pendant ce temps, Aladin cherche à prendre la lampe, mais toutes les fois qu'il veut y porter la main, la flamme s'élance contre lui.)

ALADIN, à part.

Il n'y a pas moyen, ça ne m'obéit plus... et lui seul a le pouvoir de l'éteindre !

XAÏLOUM.

Cette faible clarté, ces parfums enivrants, ces voiles légers qui laissent deviner ses traits, tout redouble mon amour.

TRIO et FINALE.

Ensemble.

ALADIN et FARUCK-NAZ.

Tendre amour, daigne nous entendre,
Et contre lui viens nous défendre.
Comme je sens battre mon cœur
Et d'espérance et de frayeur!

XAÏLOUM.

Tendre amour, daigne m'entendre,

A mes désirs on va se rendre.
Comme je sens battre mon cœur
Et d'espérance et de bonheur!

XAÏLOUM, à Faruck-Naz.

Si mon amour pouvait vous plaire...
(Lui prenant la main.)
Quoi! vous tremblez auprès de moi?

FARUCK-NAZ.

Oui, l'amour chérit le mystère;
Cette lampe qui nous éclaire
Ajoute encor à mon effroi.

XAÏLOUM, transporté.

Elle est à moi! quel sort prospère!

FARUCK-NAZ.

Comme je sens battre mon cœur!

Ensemble.

ALADIN et FARUCK-NAZ.

Tendre amour, daigne nous entendre, etc.

XAÏLOUM.

Tendre amour, daigne m'entendre, etc.

(En ce moment Xaïloum, transporté de joie et d'amour, éteint sa lampe et court se jeter aux pieds de Faruck-Naz. Aladin s'empare de la lampe et la frotte; au même instant Xaïloum, qui est aux genoux de la princesse, disparaît; le théâtre change, et représente le palais de la Lampe Merveilleuse, éclatant de lumière et de pierreries. On voit le sultan sur son trône, ayant à sa droite Massoud, richement habillé; les officiers de la suite du sultan et les femmes sont autour d'eux.)

SCÈNE IV.

LES MÊMES; LE SULTAN, MASSOUD, TOUTE LA COUR du sultan.

LE CHŒUR.

Ciel! quel éclat! quelle vive lumière!

(Montrant Aladin.)
Il triomphe de l'imposteur.

LE SULTAN, à sa fille.

Je sais tout... dans les bras d'un père
Conduis notre libérateur.

(Il embrasse Aladin.)

ALADIN, embrassant son frère.

Ah! Massoud! ah! mon frère,
Que ma lampe m'est chère,
Puisqu'elle assure ton bonheur!
(Montrant le public.)
Puisse-t-elle, en ce jour prospère,
Nous sauver d'un autre malheur!

TOUS.

Oubliez vos alarmes,
Bannissez les chagrins;
Qu'un hymen plein de charmes
Unisse vos destins!

LEICESTER

ou

LE CHATEAU DE KENILWORTH

OPÉRA-COMIQUE EN TROIS ACTES

En société avec M. Mélesville

MUSIQUE DE D.-F.-E. AUBER.

THÉATRE DE L'OPÉRA-COMIQUE. — 25 Janvier 1823.

PERSONNAGES.	ACTEURS.

LE COMTE DE LEICESTER, favori d'Élisabeth. . . . . MM. Huet.
SIR WALTER RALEIGH, jeune seigneur, ami de Leicester . . . . Ponchard.
HUGUES ROBSART, vieux gentilhomme . . . Darancourt.
DOBOOBIE, intendant de Leicester. . . . . . . Désessarts.
LORD SCHREWSBURY, } seigneurs de la { Louvet.
LORD HUNDSON, } cour d'Élisabeth. { Henri.
LORD STANLEY, Belnie.

ÉLISABETH, reine d'Angleterre . . . . Mmes Lemonnier.
AMY ROBSART, fille de Hugues Robsart, épouse de Leicester . . . . Pradher.
CYCILI, suivante d'Amy Robsart . . . . Boulanger.

Dames de la reine. — Officiers. — Hommes d'armes. — Pages. — Vassaux.

Dans l'abbaye de Cumnor, au premier acte; et à Kenilworth, pendant les deux derniers actes

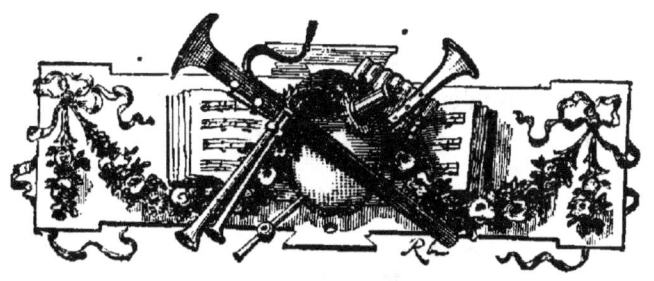

LEICESTER
ou
LE CHATEAU DE KENILWORTH

ACTE PREMIER

Une galerie gothique avec de larges croisées dans le fond. — A droite, une porte très-riche qui conduit aux appartements d'Amy Robsart. A gauche, deux autres portes, dont une très-petite se rapproche du fond. Les meubles qui garnissent l'appartement doivent être de la plus grande magnificence.

SCÈNE PREMIÈRE.

CYCILI, seule, occupée à travailler.

Dieu! que cette pièce est grande, quand on y est toute seule! Onze heures viennent de sonner à la grande horloge de l'abbaye, et ma maitresse ne songe pas à se coucher; je gagerais qu'il y a quelqu'un que je ne connais pas qui doit venir ici, ce soir. A la bonne heure! mais moi qui n'attends

personne, je m'endormais là sur le vingt-deuxième couplet
de ma ballade.

BALLADE.

« Voyez-vous, dit alors la reine,
« Auprès de nous ce bel enfant,
« Aux cheveux plus noirs que l'ébène,
« Au manteau bleu broché d'argent?
« Quel est-il ? sa grâce ingénue
« N'a pas encor frappé ma vue.
« — C'est Édouard de Balmonté,
« Page de Votre Majesté. »

Des lampes les clartés pâlissent,
Le bal brillant vient de finir,
Tous les courtisans applaudissent,
En bâillant encor de plaisir;
Et dans cette royale enceinte
Notre page, heureux et sans crainte,
Dort comme on n'a jamais, je crois,
Dormi dans un palais de roi.

Tout à coup auprès de sa couche
Apparaît un fantôme blanc;
Il veut crier, et sur sa bouche
Vient se poser un doigt charmant;
Contraint à garder le silence,
Le beau page prit patience,
Car ce fantôme singulier
Ne défendait que... de crier.

Voilà une histoire qui me fait toujours peur quand je la
chante... Il me semble que je ne me trompe pas, j'entends
marcher de ce côté; ah! mon Dieu!...

SCÈNE II.

CYCILI, RALEIGH.

RALEIGH.

Enfin, voilà de la lumière; une jeune fille, ce n'est pas dangereux.

CYCILI, à part.

Il me semble que je connais ce seigneur-là; c'est sir Walter Raleigh.

RALEIGH.

Eh! mais ces jolis yeux noirs, cette physionomie piquante... je ne m'attendais pas, en m'engageant dans cette entreprise périlleuse, à me trouver aussitôt en pays de connaissance... Tu habites ce vieux manoir?

CYCILI.

Oui, milord, depuis cinq jours.

RALEIGH.

A merveille; l'année dernière, lorsque je t'ai rencontrée à Dunbilikes, tu étais déjà fort aimable. Tu vas m'apprendre quelle est cette belle inconnue dont on parle dans le canton; pourquoi la dérobe-t-on à tous les regards? Pourquoi a-t-on changé cette vieille abbaye en une forteresse au dehors, et en un palais au dedans? pourquoi enfin... réponds-moi, réponds vite, je sais d'abord que tu causes avec grâce et surtout avec facilité.

CYCILI.

Ah! vous croyez.

DUO.

Ce secret-là
Se gardera;
(Montrant son cœur.)
Il est là.

RALEIGH.

Ce secret-là
Se trahira.
(Même geste.)
S'il est là,
Dis-le moi donc, de grâce !

CYCILI.

Je ne dis jamais rien.

RALEIGH.

Si tu te tais, j'embrasse.

CYCILI.

De me faire parler ce n'est pas le moyen.

RALEIGH.

Ta mine est si jolie !
Ton œil est si fripon !

CYCILI.

Oui, de la flatterie
Pour troubler ma raison.
Non, non !

RALEIGH.

Moi, troubler ta raison ?
Non, non.

Ensemble.

CYCILI.

Ce secret-là
Se gardera ;
(Montrant son cœur.)
Il est là.

RALEIGH.

Ce secret-là
Se trahira,
(De même.)
S'il est là.

CYCILI.

Mais répondez vous-même...

RALEIGH.

Je ne parle jamais.

CYCILI.

Par quelle audace extrême...

RALEIGH.

Comme toi je me tais.

CYCILI.

Vous pouvez me le dire,
Dans ce sombre réduit
Pourquoi vous introduire
Au milieu de la nuit ?

RALEIGH.

Il faut donc te le dire ?

CYCILI.

Ah ! oui, daignez m'instruire.
De moi ne craignez rien.

RALEIGH.

Eh bien !

CYCILI.

Eh bien ?

RALEIGH.

Ce secret-là
Se gardera ;
(Montrant son front.)
Il est là.

CYCILI.

Ce secret-là
Se trahira,
(Même geste que lui.)
S'il est là.

RALEIGH.

Allons, puisqu'il faut que ma confidence précède la tienne, imagine-toi, ma toute belle, car tout est inconcevable dans mes aventures, qu'il y a trois mois je devins amoureux fou !

CYCILI.

Comment ! trois mois ?

RALEIGH.

Oui, c'était depuis toi ! une jeune personne charmante, toutes les perfections réunies ; je peux même te dire son nom, c'était la jeune Amy Robsart.

CYCILI.

Amy Robsart !

RALEIGH.

Oui, la fille de sir Hugues Robsart, un marin qui, pendant qu'il courait les mers, avait laissé sa fille dans le comté de Devonshire, à la garde d'une tante. Moi, je me présentai dans la maison, et j'y allai souvent, car on me trouvait fort aimable.

CYCILI.

Cela ne m'étonne pas.

RALEIGH.

Sans doute, ce n'est pas là l'étonnant ; mais le voici : c'est qu'un matin Amy Robsart disparut, et impossible de savoir ce qu'elle est devenue.

CYCILI.

Fi ! l'horreur ! vous l'avez enlevée.

RALEIGH.

Non, je te jure que ce n'est pas moi, je te le dirais ; mais toute sa famille en est persuadée, et son frère, car elle a un frère qui est dans les gardes de la reine, voulait absolument que je lui déclarasse où était sa sœur, ou que je me battisse avec lui.

CYCILI.

Eh bien ?

RALEIGH.

Eh bien ! il n'y avait pas à hésiter, vu que l'un m'était

beaucoup plus facile que l'autre ; je me suis battu et l'ai blessé ; ce qui ne lui a pas appris où était sa sœur, et ce qui m'a mis sur le compte une mauvaise affaire de plus ; les Burleigh, les Sussex, qui protégent la famille Robsart, m'ont dénoncé à la Chambre étoilée comme un ravisseur, comme un meurtrier, et j'allais être arrêté, si le noble comte de Leicester, mon ami, mon protecteur, n'eût embrassé ma défense.

CYCILI.

Oh ! si le comte de Leicester est de vos amis... ne dit-on pas qu'il est roi d'Angleterre ?

RALEIGH, souriant.

A peu près ; aussi je suis tranquille ; cependant on m'a conseillé de m'éloigner jusqu'à ce que tout fût arrangé.

CYCILI.

Ce qui est très-désagréable.

RALEIGH.

Sans doute ! s'éloigner de la cour, même pour un jour, c'est tout perdre ; les rivaux sont là sur la même ligne, qui vous pressent, vous coudoient. Fait-on un pas en arrière, on serre les rangs, et la place est prise. Aussi, désolé de mon exil et courtisan en vacances, je voyageais à petites journées, lorsqu'à une lieue d'ici, à l'auberge de l'*Ours Noir*, où j'étais descendu, j'entends parler d'une dame inconnue, d'une beauté admirable, qu'un geôlier terrible tient renfermée dans un vieux donjon, et mille autres choses plus merveilleuses ; ma tête se monte, je laisse à l'auberge mon cheval et mon domestique, j'arrive ici à la nuit pleine, j'escalade un mur délabré, je me trouve dans un parc immense, et vis-à-vis une abbaye gothique qui semble inhabitée, car tout est exactement fermé, si ce n'est une fenêtre basse qui me livre passage. Je m'avance avec précaution ; partout le plus grand silence, une obscurité complète ; et d'appartements en appartements, je suis arrivé jusqu'à celui-ci, sans rencontrer personne, et fort curieux de connaître le propriétaire et les habitants de ce mystérieux séjour.

CYCILI.

Eh bien ! milord, si vous voulez que ma franchise égale la vôtre, je vous avouerai maintenant qu'on m'a proposé cinquante guinées pour entrer au service d'une jeune dame qui habite la campagne, à la seule condition de ne pas la quitter et de ne jamais sortir ; au lieu de cinquante guinées on m'en a compté cent ; nous n'avons voyagé que de nuit, nous sommes arrivés ici la nuit, et depuis cinq jours que j'habite ce château, vous êtes la première personne à qui j'ai pu demander des renseignements.

RALEIGH.

Par saint Georges ! tu t'adresses bien... et tu ne connais pas le maître de cette vieille abbaye ?

CYCILI.

Je ne l'ai jamais vu.

RALEIGH.

Mais au moins, ta maîtresse ?

CYCILI.

Je ne sais pas même son nom.

RALEIGH.

D'accord, mais sa personne ?

CYCILI.

La plus jolie et la plus gracieuse que l'on puisse voir : seize à dix-sept ans, si je ne me trompe, et je ne pense pas que, parmi toutes les ladys de la cour d'Élisabeth, il y en ait une seule qu'on puisse lui comparer.

RALEIGH, avec joie.

Admirable ! et la pauvre petite est bien triste, bien affligée ?

CYCILI.

C'est la plus heureuse des femmes ; elle est dans une ivresse continuelle, depuis ce matin surtout ; dans ce moment elle est devant une glace à admirer ses points de Venise et ses diamants !

RALEIGH.

Diable ! voilà qui confond toutes mes idées ; moi qui me figurais et comptais trouver une victime !... Je donnerais tout au monde pour l'entrevoir.

CYCILI, regardant à gauche.

Tenez, tenez, milord, la voilà qui traverse la grande galerie ; et par cette fenêtre, vous pourrez, sans être vu... ne vous montrez pas surtout !...

RALEIGH.

Mais en effet...

(Ils regardent tous les deux par la fenêtre.)

DUO.

CYCILI.

La voyez-vous ?

RALEIGH.

Taille charmante !

CYCILI.

Parlez plus bas.

RALEIGH.

Grâce touchante !

CYCILI.

Et cette main ?

RALEIGH.

Quelle blancheur !

CYCILI.

Dans tous ses traits...

RALEIGH.

Que de fraîcheur !

RALEIGH et CYCILI.

Chut ! chut ! elle s'avance.
Chut ! chut ! faisons silence.

12.

RALEIGH.

Je la vois mieux. Quel doux regard !
(A part.)
Mais, grand Dieu ! quelle ressemblance !
C'est elle... c'est Amy Robsart.
(Il redescend le théâtre très-agité.)

Ensemble.

RALEIGH, à part.

Quelle surprise extrême !
En croirai-je mes yeux ?
Ah ! pour celui qui l'aime
Quel spectacle fâcheux !

CYCILI, à part.

Pourquoi ce trouble extrême
Qui se peint dans ses yeux ?
Je vois déjà qu'il aime
Cet objet merveilleux.

RALEIGH, à part.

M'être battu pour elle
Tandis que la cruelle...
Ah ! le trait est piquant !
Mais quel est cet amant ?...
Tant de magnificence
Et ce mystère... et ce silence...
(Haut à Cycili.)
Apprends-moi tout, je suis discret.

CYCILI.

Hélas ! que puis-je vous apprendre ?

RALEIGH.

Près de ta maîtresse en secret
Chaque jour quelqu'un doit se rendre ?

CYCILI.

Oui, tous les jours, quelques courriers
Sur de magnifiques coursiers...
Viennent pour lui remettre
Des présents, une lettre.

RALEIGH, vivement.

Et leur livrée?

CYCILI.

Ils n'en ont pas.

RALEIGH.

Tout redouble mon embarras!
D'où viennent-ils?

CYCILI.

Mais je l'ignore.

RALEIGH.

Que disent-ils?

CYCILI.

Pas un seul mot.

RALEIGH.

Ils arrivent?...

CYCILI.

Avant l'aurore.

RALEIGH.

Et repartent?

CYCILI.

Tout aussitôt.

RALEIGH et CYCILI.

(A part.)
Je n'y puis rien comprendre!
O mystère maudit!...
Mais je veux tout apprendre,
Ou j'en perdrai l'esprit.

RALEIGH.

Allons, allons, ma chère,
Ne sais-tu rien de plus?

CYCILI.

Je ne saurais me taire...
Un de ces inconnus
A ma belle maîtresse

Apporta ce matin
Ce coffret, cet écrin.
(Elle le montre sur un guéridon.)
Voyez, quelle richesse!
Il contenait
Certain billet
Qu'elle lisait
Avec ivresse.

RALEIGH, sautant sur le coffret.
Ah! voyons vite...
(il l'ouvre.)
Des brillants!

CYCILI.
Des bagues et des diamants!

RALEIGH.
Une couronne de comtesse!

CYCILI.
Et des perles!... quelle richesse!

RALEIGH, tirant un papier.
Ce papier... lisons... « A ce soir! »
C'est laconique... « A ce soir! »

CYCILI.
Voilà tout... « A ce soir! »

RALEIGH.
Morbleu! je ne puis rien savoir...
Eh! mais, pourtant cette écriture...
Elle ressemble... je le jure...
Oui... ces armes sur ce coffret,
Et ce chiffre sur le cachet,
Juste ciel! c'est lui... c'est lui-même.

CYCILI.
Vous connaissez celui qu'elle aime?

RALEIGH, troublé.
Non, non...

CYCILI.

Eh! quoi!...

RALEIGH, refermant tout.

Tais-toi... tais-toi !

CYCILI.

Eh! mais, milord...

RALEIGH.

Silence!

(A part.)
Compromettre son nom
Son rang et sa puissance!

CYCILI.

Mais, dites-moi...

RALEIGH, de même.

Non, non.
Je ne sais rien... il faut te taire,
Redouble de soins, de mystère,
Ne laisse entrer personne ici.

CYCILI, à part.

Allons! lui qui s'en mêle aussi!

RALEIGH.

Je sors, adieu... songe à te taire.

Ensemble.

RALEIGH, à part.

O funeste mystère!
Quels coups inattendus!

(A Cycili.)
Adieu, songe à te taire,
Ou nous sommes perdus.

CYCILI, à part.

Oh! le maudit mystère,
Je n'y résiste plus;
Comment? il faut me taire,
Ou nous sommes perdus!

(Raleigh sort vivement par la droite.)

SCÈNE III.

CYCILI, seule.

Me taire ! me taire ! sans doute je me tairai ; mais je voudrais au moins avoir quelque mérite à cela ; voyez un peu l'ingratitude, c'est moi qui lui ai tout appris, et je ne sais rien !... mais cela ne peut pas durer ainsi, et quoique ma condition soit excellente, il faut que je parle à ma maîtresse, j'aime mieux qu'on me diminue mes appointements et qu'on me mette au fait ; vrai, ça influe sur ma santé... Ah ! mon Dieu ! cette porte que je ne connaissais pas et qui vient de s'ouvrir...

SCÈNE IV.

CYCILI, LEICESTER, ROBSART.

LEICESTER, enveloppé d'un grand manteau, à Robsart.

Entrez, monsieur, et ne craignez rien. (A Cycili.) Vous êtes Cycili, cette nouvelle femme de chambre, arrivée depuis cinq jours ?

CYCILI.

Oui, monsieur. (A part.) Encore un qui sait tout !

LEICESTER.

Prévenez milady.

CYCILI.

Comment ! milady ?...

LEICESTER, montrant la chambre où est Amy.

Oui, préviens-la de mon arrivée, et dis-lui que je vais me rendre près d'elle ; vous ferez aussi préparer un appartement pour monsieur, dans l'autre corps de bâtiment.

CYCILI.

Oui, milord. (A part.) C'est égal, c'est un milord! je sais toujours cela!

SCÈNE V.

LEICESTER, ROBSART.

ROBSART.

Me sera-t-il permis de connaître enfin mon libérateur, et celui à qui je dois une aussi généreuse hospitalité?

LEICESTER.

Qu'importe qui je sois, monsieur, si j'ai été assez heureux pour vous rendre service? D'ailleurs, vous me devez moins de reconnaissance que vous ne croyez : le domestique qui m'accompagnait n'a pas peu contribué à mettre en fuite les misérables qui en voulaient à votre bourse, et ce château où je vous reçois ne m'appartient pas; il est à un de mes amis qui, j'en suis certain, ne me désavouera pas. La seule grâce que je vous demande, c'est que vous ne cherchiez point à connaître quels peuvent être les habitants de ce château, et que vous ne parliez même pas de l'hospitalité que vous y avez reçue.

ROBSART, l'observant.

Je vous le jure, foi de gentilhomme! et je vous demande mille pardons de mon indiscrétion; quel que soit le motif qui rassemble en ces lieux tant de nobles seigneurs, je ne peux que former des vœux pour la réussite de leurs projets.

LEICESTER.

Qu'osez-vous dire?

ROBSART.

Me serais-je trompé?... N'importe, il n'est pas un Anglais qui ne pense comme moi; et si je vous nommais tous les ennemis de Leicester...

LEICESTER.

Ne les nommez pas, monsieur : vous les exposeriez peut-être beaucoup.

ROBSART.

Vous avez raison; il vaut mieux se taire et attendre, et tel que vous me voyez, j'attends!

LEICESTER, souriant.

Vous n'avez point à vous louer des faveurs de Leicester ?

ROBSART.

Non, milord, quelque aisé qu'il soit d'en obtenir; mais par malheur je demande de lui justice, et c'est plus difficile.

LEICESTER, regardant la porte de la chambre d'Amy.

Oui, je conçois.

ROBSART.

J'ai soixante ans, presque autant de blessures ; et, pendant que je servais Élisabeth, pendant que je soutenais sur toutes les mers la gloire du pavillon anglais, on m'a fait le plus sensible outrage. Enfin, milord, moi, vieux soldat, qui n'avais pour tout bien que l'honneur de ma famille... Mais, pardon de vous entretenir ainsi de mes affaires. J'allais à Londres réclamer l'appui des lois ; le désir que j'avais d'arriver me faisait voyager la nuit, et sans vous, peut-être...

LEICESTER.

Oui, c'était fort imprudent de s'exposer ainsi à une pareille heure et par un temps affreux... Mais l'émotion, la fatigue... vous devez avoir besoin de repos... et moi-même je vous demanderai la permission d'en user librement.

ROBSART.

Comment donc! c'est trop juste; je pars dans quelques heures, et n'aurai probablement pas le plaisir de vous voir; mais je n'oublierai jamais ce que je vous dois, vous m'entendez? je suis marin, je ne suis point courtisan, et je pense ce que je dis. Je vous souhaite le bonsoir.

(Il sort par le fond.)

SCÈNE VI.

LEICESTER, AMY.

LEICESTER.

Grâce au ciel! me voilà seul.

AMY, sortant de la chambre à droite, et se précipitant dans les bras du comte.

Enfin, je te revois! Vous ne veniez pas, et me voilà ; il m'a été impossible d'attendre plus longtemps.

LEICESTER.

Ah! mon impatience égalait la tienne.

AMY, avec joie.

Mais, comment se fait-il que vous soyez là près de moi, depuis quinze jours que ce bonheur ne m'était arrivé ? Est-ce que vous venez de Londres ?

LEICESTER.

Non ; de douze milles d'ici, de Leymington, où la cour est dans ce moment.

AMY.

Serait-il possible ?

LEICESTER.

Oui, la reine est en voyage et s'arrête chaque soir dans une ville différente. Être si près de toi, et ne pas te voir !... J'ai assisté au cercle de la reine ; je me suis retiré dans mon appartement; et, lorsque chacun me croyait endormi, j'étais déjà sur la route de Cumnor, suivi d'un seul domestique qui m'est dévoué, et demain matin je serai de retour avant que personne ait pu s'apercevoir de mon absence.

AMY.

Douze milles tout d'un trait ? ah! mon Dieu!

(Elle s'approche de lu et veut lui ôter son manteau.)

LEICESTER.

Eh bien! Amy, y penses-tu? je ne souffrirai pas...

AMY.

Laisse-moi; celle que le noble comte de Leicester a élevée au rang de son épouse n'a point oublié qu'elle n'était que la pauvre Amy Robsart, et elle est trop heureuse de te servir. (Elle lui ôte le manteau qu'elle place sur un meuble, et en se retournant fait un geste d'étonnement, en voyant le comte en habit de cour très-élégant.)

LEICESTER.

Eh bien! qu'as-tu donc? viens.

AMY.

Je ne sais pourquoi; mais je n'ose pas. Ces brillants habits que je ne t'avais pas encore vus... Il me semble que je suis au cercle de la reine.

LEICESTER, souriant.

Oui, dans mon impatience, je n'ai pas pensé à changer de costume.

AMY.

Tant mieux, je n'avais encore vu que mon ami, mon époux, je reçois aujourd'hui le comte de Leicester. Voilà donc comme tu es, lorsque cette cour t'environne de ses hommages, quand tu reçois les hommages et les adorations de cette cour brillante?

LEICESTER.

Amy, quel enfantillage! et que penserait-on si l'on vous écoutait?

AMY.

Oui, mais l'on n'écoute pas. (Avec admiration.) Que ne puis-je à mon tour te rendre ta visite dans un de tes beaux palais, à Kenilworth, par exemple, ce beau château, que l'on dit le plus beau de toute l'Angleterre, et dont j'aperçois d'ici les superbes jardins.

LEICESTER, doucement.

Amy! y penses-tu?

AMY.

Ah! ce serait le bonheur de ma vie! oui, je voudrais briller d'un éclat qui ne vint que de toi seul, de ton nom!

ROMANCE.

Premier couplet.

Ces présents, ces biens de la terre
M'ornent d'un éclat imposteur...
Aux yeux de tous je serais fière
D'être l'épouse de ton cœur;
Alors je pourrais, sans murmure,
Renoncer à la vanité...
Ton amour ferait ma parure,
Mon bonheur ferait ma beauté.

Ensemble.

LEICESTER.

Quel doux regard! que d'innocence!
Ah! les vains honneurs de la cour
N'ont rien d'égal à la puissance
De sa candeur, de son amour.

AMY.

Au gré de ma reconnaissance,
Que ne puis-je, loin de la cour,
Te faire oublier ta puissance
Par ton bonheur et mon amour!

Deuxième couplet.

AMY.

Près d'un époux, près de mon père,
Qui me maudit peut-être, hélas!
Tous les trésors de l'Angleterre,
Dudley, ne me séduiraient pas.
Entre nous deux, plus de murmure!
J'aimerai la simplicité...
Votre amour fera ma parure,
Mon bonheur fera ma beauté.

Ensemble.

LEICESTER.
Quel doux regard! que d'innocence, etc.

AMY.
Au gré de ma reconnaissance, etc.

LEICESTER, ému.
Amy, ce jour viendra; mais dans ce moment cela est impossible.

AMY.
Eh pourquoi? la reine, dit-on, ne voit que par vos yeux, n'agit que par vos conseils; eh bien! conseillez-lui de consentir à notre mariage.

LEICESTER.
O ciel! que dites-vous?

AMY.
Ce que je lui dirais à elle-même; qu'y a-t-il donc de si étonnant? et pourquoi la reine empêcherait-elle ses sujets de se marier?

LEICESTER.
Amy, vous parlez de ce que vous ne pouvez comprendre! Qu'il vous suffise de savoir que, dans ce moment, déclarer mon mariage serait travailler à ma ruine, et tout serait perdu si l'on pouvait seulement soupçonner...

SCÈNE VII.

LEICESTER, AMY, RALEIGH, paraissant dans le fond.

AMY.
Quelqu'un vient vers nous.

LEICESTER, mettant la main sur son épée.
Qui ose ainsi nous surprendre?

AMY.

Que vois-je ! Walter Raleigh.

LEICESTER, à part, avec colère.

Raleigh ! (Se retournant froidement.) Ma présence en ces lieux doit étonner sir Raleigh ; il ne s'attendait pas sans doute à m'y trouver.

RALEIGH.

Au contraire, milord ; je venais vous y chercher.

LEICESTER.

C'est être fort habile que d'avoir deviné que la nuit et le mauvais temps me forceraient de demander ici un asile.

RALEIGH.

Non, milord, vous n'êtes point homme à vous arrêter en chemin pour si peu de chose ; un hasard, dont moi seul ai connaissance, m'avait fait soupçonner que Votre Seigneurie devait être ici ; (Regardant Amy.) et, quelque pénible que fût pour moi une certaine rencontre, en rival dédaigné, mais généreux, j'ai fait taire mon amour-propre pour ne songer qu'à vos intérêts et aux dangers qui vous menacent ; dans quelques heures la reine sera dans ces lieux.

LEICESTER.

Élisabeth ?

RALEIGH.

Elle-même ! elle doit demain se rendre avec toute sa cour à Kenilworth, ce superbe château qu'elle a donné au comte de Leicester ; mais c'est peu de faire un tel honneur à son favori, elle a voulu y joindre le plaisir de la surprise : l'auberge que j'habitais est déjà remplie des officiers de sa maison ; un de ces messieurs, qui a daigné me reconnaître, m'a mis au fait de l'itinéraire royal. Comme on a beaucoup vanté à Sa Majesté les ruines et les environs de la vieille abbaye de Cumnor, elle doit demain matin s'y arrêter pour déjeuner.

AMY.

Il serait vrai ! la reine vient déjeuner ici !...

LEICESTER, l'interrompant.

C'est bien, c'est bien ; je vous remercie de l'avis important que vous venez de me donner, et j'en profiterai. Amy, je vous rejoins à l'instant, dès que j'aurai causé avec Raleigh sur le parti qu'il faut prendre.

AMY, à voix basse.

Quoi! vous voulez lui confier?...

LEICESTER, de même.

Il en sait trop pour lui rien cacher; d'ailleurs, de tous mes partisans, Raleigh m'est le plus dévoué, et quoiqu'il me doive tout, je crois qu'au jour de la disgrâce je pourrais compter sur lui.

(Amy rentre dans son appartement, à droite.)

SCÈNE VIII.

LEICESTER, RALEIGH.

LEICESTER.

Quoi! Élisabeth se rend demain à Kenilworth, et aussi publiquement, avec toute sa cour et sans m'en avoir parlé? Quel peut être son dessein?

RALEIGH.

Je l'ignore ; mais vous ne craignez point de fournir des armes à vos ennemis, d'exciter les soupçons d'une reine inquiète et défiante, et pour qui? pour Amy Robsart, pour la fille d'un vieux gentilhomme inconnu... Je sais que vous allez me vanter sa grâce, ses attraits; à Dieu ne plaise que je nie le pouvoir de ses charmes! je l'ai trop bien éprouvé. Je l'aimais, je l'adorais avant vous, milord; mais quand j'aurais dû être amant aussi heureux que j'en ai été maltraité, jamais l'amour ne m'eût fait dévier de la route que je me suis tracée, de ce sentier que mille obstacles environnent, mais au delà duquel sont la gloire et les honneurs ; c'est là que tendent mes vœux, et j'y parviendrai avec vous ou sans vous...

LEICESTER.

Raleigh !

RALEIGH.

Oui, milord, il faut choisir entre vos amis et une maîtresse, entre Amy Robsart et la couronne d'Angleterre.

LEICESTER.

Renoncer ! jamais !... Amy Robsart a reçu ma foi, elle est comtesse de Leicester.

RALEIGH.

Oh ciel! qu'avez-vous fait? et quelles seront les suites de cette fatale résolution?

LEICESTER.

Ma disgrâce et mon bonheur peut-être. (Montrant les ordres et les chaînes d'or qui sont sur sa poitrine.) Si vous saviez à quel point ces chaînes me semblent pesantes, et combien de fois j'ai juré de les briser...

RALEIGH.

Le bonheur, le repos... vous vous trompez, milord : il n'en est point pour un courtisan disgracié. Je suppose que votre mariage soit déclaré; je ne vous parle pas du triomphe de vos adversaires, des sarcasmes des courtisans; mais croyez-vous qu'on vous laisse goûter en paix les charmes de cette glorieuse retraite? croyez-vous que le ressentiment d'Élisabeth?... elle est fille d'Henri VIII et ne sait point oublier un outrage.

LEICESTER.

Eh bien! Raleigh, que feriez-vous à ma place?

RALEIGH.

Pourquoi déclarer ce mariage? le secret a été gardé et peut l'être encore.

LEICESTER.

Mais l'arrivée de la reine...

RALEIGH.

Eh bien! il faut éloigner la comtesse.

LEICESTER.

Sans doute, il faut qu'elle parte ; mais à qui la confier ? qui l'accompagnera dans sa fuite ?

RALEIGH.

Votre Seigneurie connaît mon dévouement, et si j'osais me proposer pour être le chevalier de la comtesse...

LEICESTER.

Vous, Raleigh !... certainement je vous suis obligé ; mais, je ne sais pourquoi, j'aimerais mieux voir ma femme en d'autres mains que les vôtres.

RALEIGH.

Milord, vous me faites injure.

LEICESTER.

Il me semble, au contraire, que je vous fais honneur, car c'en est un que de vous craindre.

ROBSART, en dehors.

Puisqu'il n'est pas parti, je veux le voir.

RALEIGH.

Quelle est cette voix?

LEICESTER, vivement.

Celle d'un vieillard, d'un ancien militaire, à qui j'ai donné cette nuit l'hospitalité... Le voici, silence!

SCÈNE IX.

Les mêmes; ROBSART.

ROBSART, à Leicester.

Daignez, milord, recevoir mes adieux. (Montrant Raleigh.) Ce noble seigneur n'est-il pas le maître du château?

LEICESTER.
Lui-même.

ROBSART, à Raleigh.
Je n'ai point voulu me mettre en route sans vous faire mes remerciements, et plaise au ciel que je sois bientôt à même de vous prouver ma reconnaissance !

LEICESTER, bas à Raleigh.
Eh ! mais, attendez. Un vieillard plein d'honneur, et qui m'est dévoué... s'il voulait escorter la comtesse ?

RALEIGH, bas.
Vous croyez ?

LEICESTER, de même.
Je ne pouvais mieux choisir ; proposez-le-lui, et en votre nom.

RALEIGH, haut.
Quel est, monsieur, le but de votre voyage ?

ROBSART.
Je me rendais à Londres pour une maudite affaire ; mais ce n'est pas le moment de vous en parler.

RALEIGH, bas à Leicester.
Londres ? cela vous convient-il ?

LEICESTER, bas.
Très-bien.

RALEIGH, haut.
Ah ! vous allez à Londres ? c'est une rencontre fort heureuse, et j'accepterai avec plaisir les offres de service que vous me faisiez tout à l'heure. Une jeune dame de... (Bas à Leicester.) Quelle qualité ?

LEICESTER, de même.
De vos parentes.

RALEIGH, haut.
Une jeune dame de mes parentes était sur le point d'entreprendre ce voyage avec sa femme de chambre ; mais vous

13.

sentez que deux femmes seules en voiture... tandis que vous qui êtes à cheval, si vous daigniez les escorter...

ROBSART.

Disposez de moi ; trop heureux de pouvoir m'acquitter envers vous.

RALEIGH.

Je vous remercie. (Bas à Leicester.) Il accepte.

LEICESTER, de même.

A merveille. (Tirant des tablettes de sa poche.) Un mot va prévenir Amy de mes intentions.

RALEIGH, à Robsart pendant que Leicester écrit.

Je vous demande mille pardons ; ce sont quelques affaires que nous terminons.

ROBSART, souriant.

A votre aise, ne vous gênez pas.

LEICESTER, bas à Raleigh en écrivant toujours.

J'aurai ensuite besoin de vous à Kenilworth.

RALEIGH.

Y pensez-vous ? la cour y sera, et je n'oserais m'y présenter.

LEICESTER.

Vous le pouvez. Sussex a entendu raison, et votre affaire est arrangée ; la reine n'en a même pas eu connaissance. (Lui montrant le billet qu'il vient d'écrire.) Je n'ose voir la comtesse ; car elle voudrait me retenir sans doute, et il faut que je parte à l'instant pour Lemington, où je crains d'arriver trop tard. Holà ! quelqu'un, Cycili !

SCÈNE X.

Les mêmes ; CYCILI.

LEICESTER, à Cycili.

Ce billet pour votre maîtresse. Conduisez monsieur.

CYCILI, se retournant.

Comment ! encore ici ?

RALEIGH, bas.

Silence !

LEICESTER, de même.

Silence !

RALEIGH, à Cycili.

Vous lui remettrez d'abord ce billet, vous l'aiderez à faire les préparatifs de son départ.

CYCILI, étonnée.

De son départ ?

RALEIGH.

Monsieur voudra bien attendre quelques instants que milady soit prête.

(Robsart fait un signe d'adhésion ; Cycili lui montre le chemin. Elle rencontre un regard de Raleigh.)

CYCILI, à part.

Allons, et lui qui me commande aussi !

(Leicester serre la main de Raleigh, et sort par la gauche pendant que Cycili et Robsart entrent à droite.)

SCÈNE XI.

RALEIGH, seul, regardant sortir Leicester.

CAVATINE.

Je sauve Leicester, et grâce à son crédit,
    La fortune enfin me sourit.
    Fortune, ô ma seule pensée !
    Fortune, objet de tous mes vœux,
    Quoique femme, je t'ai fixée,
    Sois-moi fidèle si tu peux !
        D'un favori puissant
        Je deviens confident !

Destin, je te défie
De me tromper encor;
Au gré de mon envie
Je vais prendre l'essor;
La suprême puissance
Me sourit à mon tour,
Et m'enivre d'avance
Et de gloire et d'amour.

Je ne crains plus d'orage, de tempête,
Rien ne peut plus arrêter mon bonheur,
Car la fortune a fixé sur ma tête
Et son éclat et sa faveur.

Destin, je te défie, etc.

SCÈNE XII.

RALEIGH, CYCILI.

CYCILI, accourant tout effrayée.
Dieux! milord, quelle nouvelle!...

RALEIGH.
Qu'est-ce donc qui t'agite ainsi?

CYCILI.
Ah! ce vieillard...

RALEIGH.
Eh bien!

CYCILI.
Auprès de milady,
A peine est-il entré qu'elle pousse un grand cri;
Et lui, courant vers elle :
« Quoi! ma fille, a-t-il dit, ma fille dans ces lieux! »

RALEIGH, à part.
C'est Robsart, justes dieux!

CYCILI.
En vain... elle implore son père :

« Non... nomme-moi ton séducteur,
   « Viens, viens, ou ma colère,
« Sur toi vengera mon honneur !... »

RALEIGH, troublé, à part.

L'enlever !... malheureux... que faire ?
Et Leicester... comment le prévenir ?
Et la reine qui va venir !

(On entend des trompettes, des acclamations et une marche dans le lointain.)

RALEIGH, très-agité.

Comment maintenant la délivrer ? et quand j'y parviendrais, pour regagner la route de Londres, il faut absolument traverser les jardins de Kenilworth ; en sortant d'ici, la reine va s'y rendre ; et si nous n'y arrivons pas avant elle ?...

CYCILI, courant à une fenêtre du fond.

Écoutez ! oui, la reine va venir.

LE CHOEUR, derrière le théâtre.

Ah ! quel honneur pour notre maître !
Pour nos hameaux quel jour heureux !
La reine en ces lieux va paraître,
Et combler enfin tous nos vœux.

CYCILI, avec joie.

La reine va paraître !

RALEIGH, préoccupé.

Oui, oui, la reine va paraître.

(A part, pendant que la marche continue.)

Et ce Robsart, dans sa colère !
   S'il allait révéler...
Rien ne pourra le faire taire,
Rien ne peut le faire trembler !

(Avec résolution.)

Ah ! c'est en vain que je balance ;
Oui, les moments sont précieux,
Un seul moyen... en ma puissance...
Il est terrible, dangereux...

(A Cycili.)
N'importe, viens.

CYCILI.

Que faut-il faire?

RALEIGH.

Me suivre, obéir et te taire.

CYCILI.

Toujours me taire, oh! c'est fini,
Je ne veux plus rester ici.

(Le bruit se rapproche.)

LE CHŒUR, derrière le théâtre.

Ah! quel bonheur pour notre maître,
Pour nos hameaux quel jour heureux!
La reine en ces lieux va paraître
Et combler enfin tous nos vœux.

CYCILI, à part.

Que ne suis-je loin de ces lieux!

RALEIGH, bas.

Suis-moi, suis-moi, loin de ces lieux.

(Ils sortent.)

ACTE DEUXIÈME

Une partie des jardins du parc de Kénilworth ; on aperçoit la façade du château à travers les arbres du fond. Le jardin est orné de vases et de groupes de marbre. — A droite, et sur le devant de la scène, l'entrée d'une galerie de marbre, qui est censée conduire à une autre partie des bâtiments. — Au lever du rideau, Doboobie est entouré de jeunes filles, de villageois qu'il fait répéter. Les uns exécutent des danses, tandis que d'autres tressent des guirlandes, préparent des fleurs et étudient le compliment qu'ils doivent réciter à la reine.

SCÈNE PREMIÈRE.

DOBOOBIE, Villageois, Jeunes Filles.

LE CHŒUR.
Ah! quel honneur pour notre maître!
Pour nos hameaux quel jour heureux!
La reine en ces lieux va paraître,
Et combler enfin tous nos vœux.

DOBOOBIE, les plaçant.
Sachons mériter tant de gloire...
(Aux jeunes filles.)
Eh! bien, comment va la mémoire?

LE CHŒUR.
Très-bien, très-bien.

DOBOOBIE, aux danseurs.
Et vos danses?

LE CHOEUR.
Très-bien, très-bien.

DOBOOBIE.
Surtout, surtout, n'oubliez rien.
(A lui-même.)
Quelle page pour mon histoire !
(Au chœur.)
Voyons si tout cela va bien.

LE CHOEUR, pendant les danses.
Des habitants du village
Ne méprisez pas l'hommage...

LES DANSEURS.
Par nos danses et nos chants
Célébrons ces doux instants.

DOBOOBIE, soufflant.
Vos attraits...
(Aux danseurs.)
Quelle tournure !

LE CHOEUR.
Vos attraits, quelle tournure !

DOBOOBIE, frappant du pied.
Taisez-vous donc !
(Aux danseurs.)
Doucement !

(Soufflant.)
Vos vertus...
(Aux danseurs.)
Légèrement !
Mais suivez donc la mesure.

LE CHOEUR, avec impatience.
Nous savons parfaitement.
(Écoutant.)
Mais quel bruit se fait entendre ?
C'est la reine assurément.
Auprès d'elle il faut nous rendre.

DOBOOBIE, voulant les retenir.

Mais écoutez... un moment...

LE CHOEUR, très-vif.

Oui, c'est elle, oui, c'est la reine.
Comme chacun est agité!
De notre noble souveraine
Courons admirer la beauté.

(Ils sortent tous en désordre, et entraînent Doboobie avec eux. Raleigh paraît aussitôt du côté opposé; il fait signe à Amy d'approcher sans crainte.)

SCÈNE II.

RALEIGH, vêtu magnifiquement; AMY, en habit de voyage.

RALEIGH.

Hâtons-nous de traverser cet endroit dangereux, que nous ne pouvions éviter! C'est le seul qui nous conduise directement à la grande route, où des chevaux nous attendent.

AMY.

Non, je n'irai pas plus loin; je reste ici.

RALEIGH.

Y songez-vous? à Kenilworth, quand nous devrions être déjà sur le chemin de Londres!

AMY.

Mais mon père, qu'est-il devenu?

RALEIGH.

Vous le saurez, milady; mais, je vous en conjure, éloignez-vous.

AMY.

Non, sir Raleigh, vous m'expliquerez le mystère. J'ai revu mon père; j'ai supporté, sans trahir le secret de milord, ses reproches et son indignation; mais je ne puis résister aux inquiétudes mortelles que votre silence m'inspire. Qu'est devenu mon père?

RALEIGH.

Calmez-vous, il ne court aucun danger; mais il allait vous enlever, vous cacher pour jamais dans le fond du Devonshire, et je répondais de vous au comte sur ma tête. Vous conviendrez que ma position était très-délicate; je n'avais qu'un moyen, violent, à la vérité, mais je n'ai point balancé : je l'ai fait arrêter au nom de Leicester, et par ses hommes d'armes.

AMY.

Au nom de Leicester! et je pourrais souffrir... Je cours m'adresser à milord, pour que mon père soit mis en liberté, et pour qu'il lui soit permis de retourner chez lui, dans son château du Devonshire.

RALEIGH.

C'est justement là que je l'ai fait conduire; il y restera libre, tranquille, jusqu'à ce que votre mariage soit reconnu; mais je tremble que la reine... elle est déjà aux portes du château. Venez.

AMY.

Je ne sortirai pas d'ici que je n'aie vu le comte.

RALEIGH.

Trop de dangers vous y environnent.

AMY.

Quoi! la comtesse de Leicester ne trouverait pas d'asile, même dans le château de son époux! Que je le voie seulement, et je pars.

RALEIGH.

Eh bien! puisque vous l'exigez, attendez un instant dans ce pavillon écarté, et je cours prendre ses ordres; mais il vient, sans doute; entendez-vous ce bruit dans les cours du château?

DUO.

Éloignez-vous, quittez ces lieux!

AMY.

Un moment, un moment encore
De ce spectacle que j'ignore,
Laissez-moi contenter mes yeux!

RALEIGH.

Non, non, il faut quitter ces lieux!
Y rester plus longtemps encore,
Pour nous serait trop dangereux!

AMY, regardant à sa droite.

Quelle est cette troupe guerrière
Qui semble marcher au combat?

RALEIGH.

De Leicester c'est la bannière!

AMY.

Quelle richesse! quel éclat!
Et ces pages? ces hommes d'armes?

RALEIGH, voulant l'entraîner.

Ce sont les siens... Éloignons-nous!

AMY.

Ah! que ce spectacle a de charmes!
Quoi! ces pages, ces hommes d'armes,
Tout appartient à mon époux?

RALEIGH.

Ah! vous redoublez mes alarmes!

Ensemble.

RALEIGH.

Éloignons-nous, quittons ces lieux! etc.

AMY.

Un moment, un moment encore, etc.

RALEIGH.

Entendez-vous ces fanfares brillantes?
Ce cri joyeux, mille fois répété?
Voyez dans l'air ces enseignes flottantes!
 La reine vient de ce côté!

AMY.

Quoi ! c'est la reine ! ô jour d'ivresse !
Parmi la foule qui s'empresse,
Ne puis-je donc, cachée à tous les yeux...

RALEIGH, effrayé.

Y pensez-vous ?

AMY.

Quel sort heureux !
Mêlant ma voix à leurs chants d'allégresse,
Je m'écrîrais d'un air content et fier :
« Vive la reine et vive Leicester ! »

RALEIGH, vivement.

Voulez-vous le perdre, madame ?

AMY.

Le perdre ! ô ciel ! lui, mon époux !
A ce mot seul je sens glacer mon âme.

Ah ! je pars, je quitte ces lieux,
Et puisqu'un seul moment encore
Peut perdre l'époux que j'adore,
D'Amy recevez les adieux.

RALEIGH.

Oui, pour lui, pour vous plus encore,
Cachez-vous bien à tous les yeux.

(Amy sort par le pavillon à gauche.)

SCÈNE III.

RALEIGH, seul.

(La marche triomphale continue dans le lointain, et va toujours en augmentant pendant le monologue suivant.)

Je respire !... Ce n'est pas sans peine que j'ai pu la décider ! et le comte qui n'est pas prévenu, qui ne sait pas que, sans moi, la comtesse lui était ravie ! Que l'on dise encore qu'il n'y a pas de véritables amis à la cour. Moi, qui me sacrifie pour Leicester, qui m'expose à tout pour sauver du naufrage sa barque... (Souriant.) Allons, et peut-être la mienne! c'est unique comme on se fait illusion! j'aurais juré, tout à l'heure, que j'agissais sans intérêt... Chut! le voici avec la reine.

(Fanfares.)

SCÈNE IV.

ÉLISABETH, LEICESTER, RALEIGH, DOBOOBIE, Dames et Officiers, Suite.

LE CHŒUR.
De notre auguste souveraine
La présence comble nos vœux,
Vive à jamais le règne glorieux
D'Élisabeth, de notre reine!

ÉLISABETH.

AIR.

Ah! de ces transports éclatants,
J'en conviens, mon âme est charmée.
De mes sujets reconnaissants
Ils prouvent que je suis aimée!
   (A Leicester.)
Oui, milord, c'est en ce séjour,
Où vous étiez loin de m'attendre,
   Que j'ai voulu vous surprendre
   Avec toute ma cour!

Au seigneur de ce domaine,
Dont je connais la loyauté,
   Élisabeth, votre reine,
Demande l'hospitalité!

LE CHŒUR.
Au seigneur de ce domaine,

Notre auguste souveraine
Demande l'hospitalité.
Vive Sa Majesté!

ÉLISABETH.

Ah! de ces transports éclatants, etc.

Aux soins de notre empire
Dérobons un seul jour,
Et qu'ici tout respire
Le bonheur et l'amour!

Je bannis de cette retraite
Les lois de l'étiquette,
Voulant qu'on ne puisse obéir
Qu'à celles du plaisir!

Aux soins de notre empire, etc.

C'est fort bien, milord, recevez mes remercîments pour une réception si gracieuse. (A un officier, en montrant les vassaux.) Lord Hundson, chargez-vous de témoigner ma satisfaction à ces braves gens. (A un autre.) Milord, vous me présenterez ce soir toutes les pétitions que j'ai reçues sur mon passage. (A Doboobie.) Eh bien! monsieur l'intendant, pourquoi cet air confus? vos danses et vos chants étaient très-bien ordonnés, et votre compliment, quoique vous n'ayez pas pu l'achever, m'a paru fort beau.

DOBOOBIE.

Certainement... le trouble, la précipitation... si Votre Majesté me permettait de le recommencer?...

ÉLISABETH, souriant.

Plus tard, je l'entendrai avec plaisir. (Apercevant Raleigh.) Ah! sir Walter Raleigh, je vous en veux beaucoup; comment donc! un mois sans paraître à la cour, dont vous faisiez les délices! c'est très-mal; ces dames se plaignent hautement de votre désertion, et je ne sais plus que faire pour les consoler de votre absence.

RALEIGH, s'inclinant.

Je suis touché, madame, d'un reproche si obligeant; mais quand Votre Majesté saura que des affaires sérieuses...

ÉLISABETH, gaiement.

Vous, Raleigh! des affaires sérieuses, c'est impossible, et nous ne recevons pas vos excuses. Pour prévenir, au surplus, le retour d'un pareil abus, et vous forcer à résidence, nous vous prévenons que, ce matin, et sur la proposition de M. le comte de Leicester, nous vous avons nommé chambellan du palais.

RALEIGH, avec joie.

Quoi! madame, vous avez daigné...

ÉLISABETH.

Ne fût-ce que pour satisfaire au vœu de ces dames. Mais laissons cela; (A Leicester.) dites-moi, milord, quel est ce prisonnier que j'ai rencontré tout à l'heure, entouré de gens à vos armes?

LEICESTER, étonné.

Un prisonnier!...

ÉLISABETH.

L'officier, que j'ai interrogé, n'a pu m'apprendre ni son nom ni son crime; il venait de l'arrêter par votre ordre et le conduisait dans le Devonshire.

LEICESTER, plus étonné.

Par mon ordre, dans le Devonshire!

RALEIGH, à part.

Malédiction! c'est Hugues Robsart. Comment instruire le comte?

(Il lui fait des signes que Leicester n'aperçoit pas.)

ÉLISABETH.

Sans connaître vos motifs, milord, sans vouloir même porter atteinte aux droits que vous donnent ma confiance et le pouvoir dont vous êtes revêtu, j'avoue que je verrais avec peine mon voyage marqué par des actes de sévérité. J'ai fait reconduire ce prisonnier à Kenilworth, et je désire savoir de vous la cause de son arrestation.

RALEIGH, à part.

Comment détourner l'orage?...

LEICESTER, très-étonné.

Un prisonnier! par mon ordre... je n'y comprends rien, madame, je vous jure...

ÉLISABETH.

Eh quoi! vous ignoriez...

LEICESTER.

Je n'ai donné aucun ordre, je l'atteste, et je rends grâces à l'heureux pressentiment de Votre Majesté qui a suspendu l'effet d'une injustice aussi étrange, et sauvé mon nom des reproches dont on l'aurait accablé. Ordonnez, je vous supplie, que ce prisonnier paraisse à l'instant; c'est devant Votre Majesté que je veux me justifier.

ÉLISABETH, à un officier.

Qu'on le fasse venir.

(L'officier sort.)

RALEIGH, à part.

Ah! grand Dieu! on dirait qu'un malin démon le pousse à se perdre lui-même!

LEICESTER, vivement à la reine.

Je n'en saurais douter, madame, on se sera servi de mon nom pour satisfaire une haine personnelle; nous allons connaître la vérité, et c'est moi qui supplie Votre Majesté de m'accorder justice du téméraire qui me livre ainsi au ressentiment des Anglais.

ÉLISABETH.

Calmez-vous, Leicester, votre parole suffit pour vous mettre à l'abri de tout soupçon; mais voici ce prisonnier...

RALEIGH, à part.

C'est fait de nous!

(Il se met de côté, de manière qu'il est caché par plusieurs courtisans.)

SCÈNE V.

LES MÊMES; ROBSART, OFFICIERS qui le conduisent.

LEICESTER, à part, reconnaissant Robsart.
Que vois-je? ô ciel! quoi, ce vieillard...
RALEIGH, bas à Leicester.
Silence, sachez vous contraindre!
ÉLISABETH.
Approchez, parlez sans rien craindre;
Votre nom?
ROBSART.
Hugues Robsart.
LEICESTER, à part.
Robsart!
ÉLISABETH.
Robsart, l'un de mes défenseurs fidèles,
Celui qui triompha si souvent des rebelles,
Dont le courage et la noble fierté...
ROBSART, amèrement.
Oui, oui, voilà la récompense
Qu'on réservait à ma fidélité!
De Leicester quelle est donc la puissance?
ÉLISABETH, montrant Leicester.
N'accusez point sa loyauté;
Loin d'attenter à votre liberté,
Il vous défend...
ROBSART, étonné.
Eh quoi! madame,
Quoi! c'est là Leicester?
(A part.)
O ciel!
Quel soupçon pénètre en mon âme?
(Haut à Leicester.)
J'oublie un affront si cruel!

Un devoir plus pressant m'entraîne.
Milord, c'est devant votre reine,
C'est à vous qu'un père offensé
Demande compte de sa fille !

TOUS.

Sa fille !

LEICESTER, à part.

Tout mon sang s'est glacé.

ÉLISABETH, vivement.

Que dites-vous ? Quoi, votre fille...

ROBSART.

On l'a ravie à sa famille.

ÉLISABETH.

Le ravisseur ?

ROBSART, montrant Leicester.

C'est à milord
A le nommer !

ÉLISABETH, troublée.

Milord !

ROBSART, avec force.

Hier, il était à Cumnor,
Hier, il s'offrit à ma vue,
Dans la retraite où même encor
Ma fille est retenue !

ÉLISABETH, regardant Leicester.

Qu'entends-je ?

Ensemble.

ÉLISABETH, à part.

Une crainte inconnue
Fait palpiter mon cœur,
De mon âme éperdue
Je sens fuir le bonheur.

LEICESTER, à part.

Ah ! comment à sa vue

Dérober ma terreur?
De mon âme éperdue
Je sens fuir le bonheur.

RALEIGH, bas à Leicester.

Dans votre âme éperdue
Cachez votre terreur,
N'allez pas, à sa vue,
Dévoiler votre ardeur.

ROBSART.

Pour mon âme éperdue
Il n'est plus de bonheur,
Je veux à votre vue
Punir le séducteur.

LE CHOEUR, regardant la reine.

Elle paraît émue;
Pourquoi cette terreur?
Une crainte inconnue
Fait palpiter son cœur.

ÉLISABETH, observant Leicester.

Eh quoi! de sa fille chérie
Vous connaissez la retraite, milord!
Elle était chez vous, à Cumnor?
Vous connaissez celui qui l'a ravie;
Nommez-le-moi, nommez le séducteur!

ROBSART, portant la main sur son épée.

Oui, nommez-le, ce lâche suborneur!

LEICESTER, vivement.

Un lâche suborneur!
Qui vous a dit que votre fille
Eût déshonoré sa famille
Par un choix indigne de vous?
Non, vous pouvez m'en croire,
Amy Robsart est encore la gloire
De son père, de son époux!

ROBSART et ÉLISABETH.

Son époux!

LEICESTER, avec feu.

Oui, par les nœuds de l'hyménée,
Amy Robsart est enchaînée.
Seul, je connais son choix, et ne saurais souffrir
Qu'en ma présence on ose l'avilir!

ROBSART.

Serait-il vrai?

ÉLISABETH, avec défiance, et regardant Leicester.

Par l'hyménée
Amy Robsart est enchaînée?
(Avec force.)
Qui donc? qui donc est son époux?

LEICESTER, s'avançant.

C'est...

(Il s'arrête.)
O ciel!

ÉLISABETH.

Eh bien?

(Leicester ne peut répondre; Raleigh, qui était parmi les courtisans, se présente hardiment.)

RALEIGH.

C'est moi!

ÉLISABETH.

Vous!

Ensemble.

ÉLISABETH.

Quel est donc ce mystère,
Et qui dois-je accuser
Malheur au téméraire
Qui voudrait m'abuser

LE CHŒUR.

Quel est donc ce mystère?
Qui doit-elle accuser?
Malheur au téméraire
Qui voudrait l'abuser!

LEICESTER.

Grand Dieu! dois-je me taire!
Ou faut-il m'accuser?
Hélas! à sa colère
Je n'ose m'exposer.

ROBSART.

Quel est donc ce mystère,
Et qui dois-je accuser?
Malheur au téméraire
Qui voudrait m'abuser!

RALEIGH.

Ah! puisse-t-il se taire;
Je dois seul m'exposer.
Je crains peu sa colère,
Je saurai l'apaiser.

ÉLISABETH.

Vous, Raleigh! l'époux d'Amy Robsart?

RALEIGH, serrant la main de Leicester.

Oui, madame. (A Leicester.) C'est assez, milord, je ne souffrirai pas que votre amitié vous compromette davantage; quel que soit le destin qui m'attend, je serais coupable si je laissais plus longtemps Votre Grâce en lutte à des soupçons qui peuvent flétrir son honneur!

ROBSART.

Walter Raleigh l'époux de ma fille! vous que j'ai vu hier dans l'abbaye de Cumnor!

RALEIGH.

Vous le voyez, madame, ce mot explique tout le mystère; c'est moi qui, pour échapper aux recherches de celui que j'avais offensé, suis venu, sous un nom emprunté, demander un asile au comte de Leicester; mon amour pour l'aimable Amy Robsart n'est point un secret: tout le Devonshire sait que j'ai longtemps brûlé pour elle; lord Leicester avait seul mon secret, je lui rends grâce de l'avoir gardé avec tant de fidélité; mais du moment qu'il pouvait l'exposer, j'ai dû déclarer toute la vérité... (s'inclinant.) Si votre colère veut frapper, je vous livre le coupable!

LEICESTER, à part.

Juste ciel! et je n'ai pas la force de le démentir!

ÉLISABETH.

Mais vous, comte, comment vous trouviez-vous hier soir à Cumnor?

LEICESTER, encore troublé.

J'ai eu tort sans doute, puisque Votre Majesté me désapprouve; je savais, madame, que vous deviez honorer Kenilworth de votre visite; au lieu de m'arrêter à Lemington et de me livrer au sommeil, j'ai cru qu'il était de mon devoir d'assurer votre route, de donner les ordres nécessaires...

ÉLISABETH.

Il suffit. (Bas à Raleigh.) Un seul mot, Raleigh, et sur votre honneur, gardez-vous de me tromper : le comte connaissait-il votre femme? l'avait-il déjà vue?

RALEIGH, à demi-voix.

Sur mon honneur, madame, j'atteste que milord n'a jamais vu ma femme.

ÉLISABETH.

Pas même hier?

RALEIGH.

Non, madame, il ne m'a pas demandé à lui être présenté; depuis quelque temps, le noble comte n'est plus reconnaissable, il est pour toutes les beautés de la cour d'une indifférence que ses amis ne peuvent s'expliquer, et qui même...

ÉLISABETH, souriant.

Fort bien, sir Raleigh, je ne mettrai pas plus longtemps votre discrétion à l'épreuve. (A Leicester, avec bonté.) Venez, Leicester, je vous dois des excuses; je me reprocherai toujours d'avoir pu soupçonner le noble Dudley, le plus fidèle de mes serviteurs, capable d'une trahison...

(Elle lui tend la main.)

LEICESTER, la baisant.

Ah ! madame ! vous me rendez la vie !

ÉLISABETH, à Robsart.

Allons, sir Robsart, nous vous donnons l'exemple de l'indulgence, imitez-nous; Raleigh fut bien coupable sans doute, mais enfin, il est l'époux de votre fille, il est aimé, pardonnez-lui.

ROBSART.

Je ne pardonnerai qu'après avoir vu ma fille, qu'après avoir appris d'elle si c'est librement et de son choix...

ÉLISABETH.

C'est une satisfaction que Raleigh ne peut vous refuser; qu'on fasse venir Amy Robsart.

LEICESTER, à part.

Grands dieux !

RALEIGH.

Je suis désolé de ne pouvoir obéir dans ce moment à Votre Majesté; craignant que sir Robsart ne vînt pour m'enlever ma femme, je l'avais fait arrêter lui-même; car c'est encore moi qui suis coupable des ordres donnés au nom du comte de Leicester.

ÉLISABETH.

Eh ! mais voilà qui est plus sérieux; faire arrêter votre beau-père ! nous ne connaissions pas encore ce moyen d'arranger les affaires de famille.

RALEIGH.

Pendant ce temps, je faisais partir ma femme le plus secrètement possible pour la terre de Ludge-Hall, que je possède dans le comté de Berks.

ROBSART, l'examinant.

Dans le comté de Berks, la terre de Ludge-Hall ?

RALEIGH.

Oui.

ROBSART.

Il n'y a que deux jours de distance ?

RALEIGH.

Il est vrai !

ROBSART.

J'y vais moi-même pour m'assurer de la vérité ; Sa Majesté pardonnera bien cet excès de défiance à la sollicitude d'un père ?

ÉLISABETH.

Allez, sir Robsart, j'y consens, je veux même que Raleigh vous accompagne, il n'est pas juste qu'un nouveau marié soit si longtemps séparé de sa femme !

RALEIGH, s'inclinant.

Votre Majesté est trop bonne.

LEICESTER, à part.

Allons, il ne manquait plus que cela.

RALEIGH, bas à Leicester.

De grâce, contraignez-vous.

LEICESTER, de même.

Non, c'en est trop, et je ne souffrirai pas... (Haut à Élisabeth.) Madame, je demanderai à Votre Majesté un moment d'audience.

ÉLISABETH.

Nous vous l'accorderons volontiers, milord, car nous avons à vous consulter sur une dépêche importante ; mais je vois votre intendant qui meurt d'envie de me montrer le plan de la fête.

DOBOOBIE.

Oui, madame, c'est, je crois, une idée assez ingénieuse, que je serais trop heureux de soumettre à Votre Majesté.

(Pendant que la reine regarde, Raleigh s'approche vivement de Leicester et lui dit à voix basse :)

RALEIGH.

Que prétendez-vous faire ?

LEICESTER, bas.

Tout avouer, ma position est trop pénible.

RALEIGH, de même.

Y pensez-vous?

LEICESTER, de même.

Un aveu peut seul détourner la tempête.

RALEIGH, de même.

C'est nous perdre.

LEICESTER, de même.

Moi, peut-être! mais ne craignez rien pour vous, je saurai vous mettre à l'abri du ressentiment de la reine; rendez-moi le dernier service de faire tout disposer pour mon départ et revenez ici m'avertir; j'aurai tout déclaré à Élisabeth et lui aurai dit un éternel adieu.

ÉLISABETH, fermant le papier.

C'est à merveille, et nous ne doutons point que l'exécution n'y réponde. (Raleigh sort.) A bientôt, milord, nous nous reverrons. (A Doboobie et aux paysans.) Laissez-nous.

SCÈNE VI.

ÉLISABETH, LEICESTER.

LEICESTER, à part.

Nous voilà seuls; quel supplice est le mien! et comment risquer un tel aveu?

ÉLISABETH, remarquant son trouble.

Qu'avez-vous, Leicester? vous semblez souffrir.

LEICESTER, troublé.

Il est vrai, madame, j'attendais avec impatience le moment de vous parler; j'ai une grâce à réclamer de Votre Majesté...

ÉLISABETH.

Pouvez-vous craindre que votre reine vous refuse ! vous, Dudley... vous me direz tout à l'heure ce que vous désirez : écoutez-moi d'abord. Vous savez quel fut toujours mon éloignement pour un lien que mon peuple brûle de me voir former. Fière d'avoir seule ramené la paix dans mes États et raffermi le trône chancelant de Henri VIII, j'avais juré de fuir l'hymen et de ne partager avec personne le trône que jusqu'ici j'ai su défendre ; mais le duc d'Anjou et Philippe II prétendent me contraindre par la force des armes à prononcer entre eux...

LEICESTER.

Un pareil motif pourrait-il influer sur vos résolutions ? le peuple anglais défendrait la liberté de sa souveraine comme il a défendu la sienne. Laissez Philippe II rassembler ses vaisseaux, vous menacer de cette flotte formidable, qui viendra se briser sur nos côtes ; je guiderai moi-même vos soldats, toute l'Angleterre à la défense du trône, trop heureux de mourir en faisant respecter vos ordres souverains et l'indépendance d'Élisabeth !

ÉLISABETH, l'observant.

Ainsi donc, Leicester, vous me conseillez de refuser ces deux princes, et de ne pas me donner un maître ? J'apprécie la noblesse du sentiment qui vous anime, mais je ne suivrai qu'une partie de votre conseil.

LEICESTER.

Comment ! madame...

ÉLISABETH.

Il est temps de calmer les craintes du royaume, de fixer les destins de l'État ; mais en choisissant un époux, je ne céderai point aux vœux ambitieux des puissances de l'Europe ; je ne donnerai pas à mes fidèles sujets l'humiliation d'obéir à un prince étranger ; si je leur donne un roi, c'est dans leur sein que je veux le choisir, parmi ces nobles soutiens de ma gloire, parmi ces braves gentilshommes qui n'ont pas craint d'unir leur fortune à la mienne, qui ont tout souffert, tout bravé pour assurer le triomphe de mes droits. Voilà le seul époux digne d'Élisabeth, celui dont elle pourra s'enorgueillir, celui que l'Angleterre appelle sur le trône ; et cet époux, milord, c'est vous.

LEICESTER, éperdu.

Moi ! grand Dieu !...

DUO.

ÉLISABETH.

Oui, Leicester, oui, c'est vous-même,
Vous à qui je dois mes succès,
Qui méritez le diadème
Et les hommages des Anglais.

LEICESTER, troublé.

Moi ! partager le rang suprême ?

ÉLISABETH.

Dès ce soir, aux yeux de ma cour,
Et ma main et le diadème
Récompenseront votre amour.

LEICESTER, à part.

Ah ! malheureux ! et la comtesse !

ÉLISABETH.

Déjà, par mon ordre avertis,
Les princes, les pairs, ma noblesse,
Dans ce château sont réunis ;
Devant eux nous serons unis,
Et demain, dans ma capitale,
Moi-même je veux ordonner
    La pompe triomphale
    Qui doit vous couronner.

Ensemble.

ÉLISABETH, à part.

Quel désordre ! quel trouble extrême
De plaisir agite son cœur !

Je lis dans ce désordre même
Et son amour et son bonheur.

LEICESTER, à part.

Hélas ! je ne sais plus moi-même
Ce qui se passe dans mon cœur !
Il me faut fuir le rang suprême,
Il faut renoncer au bonheur !

ÉLISABETH, souriant.

Je suis encore votre reine ;
Mais jusqu'à cet instant si doux
Où vous deviendrez mon époux...
Parlez, de votre souveraine
   Quelle grâce attendez-vous ?

LEICESTER, troublé.

Quelle faveur !

ÉLISABETH.

      Pouvez-vous craindre
Que je refuse mon époux ?

LEICESTER, à part.

Juste ciel ! comment me contraindre ?

ÉLISABETH.

Parlez, parlez, qu'exigez-vous ?
Cette grâce...

LEICESTER, hors de lui.

      Moi ! moi... madame,
J'ai demandé ?... pardon... pardon...
   Le trouble de mon âme...
Je ne saurais retrouver ma raison.

(Se jetant à ses pieds.)

Mon cœur, séduit de tant de gloire,
Ce choix auquel je n'ose croire...
Dans mes sens, un désordre affreux...
Ah ! je voudrais expirer à vos yeux !

Ensemble.

ÉLISABETH.

Quel désordre ! quel trouble extrême, etc.,

LEICESTER.

Hélas! je ne sais plus moi-même, etc.

ÉLISABETH, émue.

Ce trouble ne peut me déplaire; mais on vient : levez-vous, milord, et ne confiez à personne un secret que je me réserve d'apprendre à ma cour, quand il en sera temps.

LEICESTER, à part.

Où me cacher ?

SCÈNE VII.

LES MÊMES; RALEIGH, DOBOOBIE, SEIGNEURS, DAMES, et successivement TOUTE LA COUR.

DOBOOBIE, s'inclinant devant la reine à plusieurs reprises.

S'il plaît à Sa Majesté, les tables sont dressées dans la salle du banquet.

(Élisabeth fait un signe, et parle bas à ses dames; pendant ce temps, Raleigh s'approche de Leicester, qui est resté abîmé dans ses réflexions.)

RALEIGH, bas.

Tout est prêt pour votre départ, milord, la comtesse vous attend.

LEICESTER, sans l'entendre.

Roi d'Angleterre!...

RALEIGH, bas.

M'entendez-vous, milord?

LEICESTER, sortant de sa rêverie.

Ah! c'est vous, Raleigh.

RALEIGH, bas.

Vos ordres ont été exécutés; venez, les chevaux nous attendent, et la comtesse...

LEICESTER, bas, et vivement.

Silence, silence ! Je ne pars plus, je ne puis partir en ce moment.

RALEIGH, à part, avec étonnement.

Comment ! il a déjà changé ? J'aurais dû m'en douter. (Bas.) Mais qu'est-il donc arrivé ? Ce désordre dans vos traits...

LEICESTER, bas.

Pas un mot de plus, la reine nous observe.

RALEIGH, à part.

Dieux ! sir Robsart ! qui peut le ramener ?

SCÈNE VIII.

LES MÊMES ; ROBSART.

FINALE.

ROBSART à la reine, regardant Raleigh.

Pardon, madame, si j'implore
De nouveau Votre Majesté ;
Je viens, sur un fait qu'elle ignore,
Lui découvrir la vérité.

LEICESTER, à part.

Grands dieux ! que va-t-il dire encore ?

RALEIGH, de même.

Quoi ! toujours ce maudit vieillard !

ÉLISABETH.

Parlez sans crainte, sir Robsart ;
Ici qui vous force à paraître ?

ROBSART.

Le soin de démasquer un traître !
Sir Raleigh est-il bien certain
Que ma fille Amy soit partie ?

RALEIGH.

Pourquoi ce doute, je vous prie ?

ROBSART.
Vous l'avez juré ce matin,
Et devant votre souveraine,
Mais on vient de nous assurer
Que vous aviez trompé la reine!

ÉLISABETH, sévèrement à Raleigh.
Est-il vrai?...

RALEIGH.
Je puis vous jurer...

ROBSART.
Épargnez-vous cette peine,
Ma fille est encor dans ces lieux,
C'est ici qu'elle est retenue.

RALEIGH.
Quel est l'imposteur...

ROBSART, froidement.
Je l'ai vue!

LEICESTER et RALEIGH.
Grands dieux!

ROBSART.
A mes yeux
Elle n'a fait qu'apparaître.
Mais mon cœur paternel n'a pu la méconnaître.

Ensemble.

LEICESTER, à part.
O sort affreux! ô trouble extrême!
Oui, c'est fait de nous aujourd'hui,
Et je tombe du rang suprême,
Et dans la honte et dans l'oubli.

ROBSART.
O doute affreux! ô trouble extrême!
Pour ma fille j'en ai frémi;
Répondez-nous à l'instant même,
Comment est-elle encore ici?

RALEIGH, à part.

O sort affreux ! ô trouble extrême !
Je ne sais que répondre ici ;
Adieu pour nous le rang suprême,
Ah ! c'est fait de nous aujourd'hui !

ÉLISABETH.

D'où vous vient cette audace extrême ?
Votre femme est encore ici ?
Répondez-nous à l'instant même,
Pourquoi donc nous tromper ainsi ?

RALEIGH.

Eh bien ! s'il était vrai, madame,
Et si, par des motifs secrets,
J'avais voulu cacher ma femme
A tous les regards indiscrets,
De son sort ne suis-je pas maître ?
Veut-on me contester mes droits ?

ÉLISABETH, l'observant.

Eh ! mais, le trouble où je vous vois,
Le feu que vous faites paraître...
(En riant.)
Mais, vraiment, seriez-vous jaloux ?
Je veux, pour vous punir, que dans quelques instants
Vous me présentiez votre femme.

LEICESTER, à part.

Plus d'espoir !

RALEIGH.

Quoi ! vous voulez, madame...

ÉLISABETH.

Oui, c'est ainsi que je l'entends,
Et je l'attache à ma personne.
Vous, veillez, Leicester, aux ordres que je donne.
(Le prenant à part, et à voix basse.)
Oui, dans l'instant de mon bonheur,
Je veux être ce soir par elle accompagnée,
Et qu'elle soit, aux autels d'hyménée,
Ma première dame d'honneur.

LEICESTER, à part.

Ah! rien n'égale mon malheur!

Ensemble.

LEICESTER.

O sort affreux! ô trouble extrême! etc.

ROBSART.

O doute affreux! ô trouble extrême! etc.

RALEIGH.

O sort affreux! ô trouble extrême! etc.

ÉLISABETH.

O sort heureux! ô joie extrême! etc.

(La reine donne la main à un seigneur qui est près d'elle ; toute la cour la suit.)

ACTE TROISIÈME

Une riche galerie. — Le fond est ouvert, et donne sur les jardins. — A droite, un trône brillant, entouré de gradins et de fauteuils.

SCÈNE PREMIÈRE.

AMY, seule, entrant avec précipitation.

Je ne vois personne dans cette galerie, mais j'ignore où elle conduit. De quel côté, maintenant, tourner mes pas? comment regagner ce pavillon, que sir Raleigh m'avait assigné pour asile, et qu'il m'avait suppliée de ne pas quitter? C'est une imprudence que j'ai faite, mais comment résister à mon impatience? Depuis deux heures, j'attendais, et pas un mot de lui, pas la moindre nouvelle!... Ne pouvait-il s'échapper un instant, et venir me rassurer? Il me semblait qu'en sortant de ce pavillon, je ne pouvais manquer de l'apercevoir, lui, ou sir Raleigh; mais, à peine avais-je mis le pied dans le parc qu'il m'a été impossible de m'y reconnaître; ces immenses allées, ces massifs, ces labyrinthes, c'est à n'en pas finir. Ah! mon Dieu, que tout cela est grand! et je vous demande à quoi servent des jardins comme ceux-là? Ne vaudrait-il pas mieux en avoir un où l'on fût toujours sûr de se rencontrer? A chaque instant je voyais passer près de moi des pages qui tenaient de riches bannières, des seigneurs en habit de cour, des valets en livrée qui portaient des vases de fleurs ou des tapis magnifiques; quelquefois je me hasardais, d'une voix tremblante, à leur adresser la parole; ah! bien oui, ils étaient si empressés, si affairés! ils ne m'entendaient pas; et dans ces lieux, où peut-être j'aurais le droit de commander, personne ne daignait me répondre, ou faire attention à moi; personne, excepté ces deux hommes d'armes; j'en tremble encore! oser m'arrêter par la main, moi, la comtesse de Leicester!

AIR.

Mais on vient... ô bonheur! c'est lui, je l'aperçois.
    Courons... Mais non, il n'est pas seul, je crois.
  Et quelle est cette femme aussi noble que belle?...
      Ses yeux se sont tournés vers elle...
Leicester!... Ah! grands dieux! il s'éloigne soudain;
Mais sa bouche infidèle a pressé cette main...
    D'où vient donc ce soupçon qui m'étonne
    Et se glisse en mon cœur éperdu?
    Malgré moi, la force m'abandonne;
    C'en est fait... c'était lui... je l'ai vu!
       (Se levant.)
   Non, je ne puis le croire encore;
   Quoi! mon époux me trahirait!
C'est faire injure à celui que j'adore,
Et quelque erreur, sans doute, m'abusait.
    D'où vient donc cet effroi qui m'étonne
    Et se glisse en mon cœur éperdu?
    Malgré moi, la force m'abandonne;
    C'en est fait... c'était lui... je l'ai vu!
          (Elle tombe accablée sur un fauteuil.)

SCÈNE II.

AMY, ÉLISABETH, entrant d'un air rêveur.

AMY, se levant et allant droit à la reine.

Qui êtes-vous?

ÉLISABETH s'arrête et regarde Amy d'un air étonné.

Que veut cette jeune fille? et d'où vient son trouble?

AMY.

Madame... (A part.) Je ne sais pourquoi, malgré mon ressentiment, son regard m'impose une sorte de crainte et de respect.

ÉLISABETH.

Approche, ma fille, et ne crains rien; qu'as-tu à me demander? parle.

AMY, timidement.

Tout à l'heure, Leicester... quel motif si puissant aviez-vous de lui parler?

ÉLISABETH.

Qu'entends-je, et d'où vous vient tant d'audace que d'oser épier les actions de votre souveraine?

AMY, à part.

Grand Dieu! c'est Élisabeth! qu'ai-je fait, malheureuse! (Haut.) Daignez, madame, pardonner à une jeune fille sans expérience, qui n'ayant jamais eu le bonheur de voir Votre Majesté...

ÉLISABETH.

En effet, des traits tels que les vôtres ne peuvent s'oublier, et je ne me rappelle pas que vous ayez jamais été présentée à la cour; comment et en quelle qualité vous trouvez-vous donc à Kenilworth? est-ce parmi les dames de ma suite?

AMY.

Non, madame.

ÉLISABETH.

Vous y êtes venue sans doute avec un père, un mari?

AMY.

Non, madame.

ÉLISABETH, d'un air de mépris.

J'entends. Qui donc a pu vous donner l'audace d'aborder Élisabeth, et de lui adresser la parole?

AMY.

Mes aïeux ont donné un asile à ceux de Votre Majesté; la reine Marie ne l'avait point oublié, et, si elle régnait encore, jamais la fille de sir Hugues Robsart n'eût été chassée de la cour et de la présence de sa souveraine.

ÉLISABETH.

Qu'entends-je! fille de sir Hugues?... vous êtes Amy Robsart? vous êtes mariée?

AMY.

Quoi! madame...

ÉLISABETH.

Oui, c'est pour vous que votre père demandait justice, vous, qu'un séducteur avait enlevée de ses bras... Mais répondez, sir Raleigh, votre mari, est-il instruit?...

AMY.

Sir Raleigh... mon mari...

DUO.

ÉLISABETH.

D'où vient ce trouble? qu'avez-vous?
Oui, de Raleigh la conduite m'éclaire.
Je conçois ses soupçons jaloux,
Celle qui peut tromper son père
Peut bien trahir son époux.

AMY.

Moi, de Raleigh être la femme!
Jamais... On vous trompe, madame.

ÉLISABETH, avec ironie.

On me trompe... lorsqu'en ces lieux,
Raleigh et Leicester l'ont attesté tous deux.

AMY, stupéfaite.

Leicester! Non, quelqu'un le calomnie;
Jamais il n'eût souffert une telle infamie.

ÉLISABETH.

Quoi! votre cœur à présent le défend?
Mais enfin cet amant,

15.

Cet époux, quel qu'il puisse être,
Je veux ici le connaître.
Parlez.

AMY.

Je ne le puis, hélas!

ÉLISABETH.

Vous ne pouvez le dire?

AMY.

Non, souffrez que je me retire.

ÉLISABETH, la retenant.

Non, vous ne sortirez pas.

Ensemble.

ÉLISABETH.

Malheur au téméraire
Qui voudrait me tromper!
A ma juste colère
Il ne peut échapper.

AMY.

Que répondre et que faire?
Rien ne peut la toucher;
Aux traits de sa colère,
Qui viendra m'arracher?

SCÈNE III.

LES MÊMES; LEICESTER, paraissant dans le fond.

ÉLISABETH, allant au-devant de lui.

Ah! c'est vous, Leicester.

AMY, à part.

Il vient me secourir.

ÉLISABETH.

Faites arrêter cette femme
Qui m'ose désobéir.

LEICESTER, apercevant Amy.

Qu'ai-je vu?

ÉLISABETH.

Vous semblez frémir?

LEICESTER.

Qui! moi? je suis surpris, madame,
Que cette jeune fille ait pu vous offenser.
Quel est son crime?

ÉLISABETH.

Il doit vous courroucer,
Car, si je l'en croyais, vous m'auriez donc trahie,
Moi, votre reine et votre amie!
Si vous saviez, en mes esprits troublés,
Quels noirs soupçons elle vient de répandre!
Leicester, mon ami, parlez;
J'ai besoin de vous entendre.

LEICESTER.

Quoi! vous pouvez supposer?...

ÉLISABETH.

Non,
Car ma vengeance eût été trop terrible!
L'auteur de cette trahison
Eût payé de sa vie!...

AMY, effrayée, à part.

O ciel! est-il possible?
Je l'exposerais à son courroux!
(A Élisabeth.)
Ah! j'embrasse vos genoux;
Croyez que d'un crime semblable
Le noble comte est innocent;
C'est moi seule qui suis coupable.

ÉLISABETH.

Vous l'accusiez pourtant,
De trahison, de perfidie,
Et d'une telle calomnie
Je connaîtrai les motifs; répondez :
Raleigh est donc votre époux?

AMY, troublée, et montrant Leicester.
                           Demandez
A milord ; qu'il prononce,
Et je souscris d'avance à sa réponse.

ÉLISABETH.
M'abuser de nouveau!
Ensemble.
AMY et LEICESTER.
Que résoudre et que faire ?
Si j'ose la tromper,
A sa juste colère
Je ne puis échapper.

ÉLISABETH.
Frémis, à ma colère
Tu ne peux échapper;
A ma juste colère
Tu ne peux échapper.
(A Leicester, montrant Amy.)
Oui, de mon courroux qu'elle affronte
Servez les transports furieux,
Et qu'on la fasse, avec honte,
Arracher de ces lieux.

LEICESTER, à part.
La chasser ! c'en est trop, et je rougis enfin de l'avilissement où je suis tombé; (Montrant Amy.) d'un côté, tant de générosité et de noblesse, (Se montrant lui-même.) et de l'autre, tant de bassesse ! Dût la foudre éclater sur ma tête, je ne trahirai pas plus longtemps l'honneur et la vérité. (Traversant le théâtre, et prenant Amy par la main.) Viens, toi qui n'as pas craint de te dévouer pour moi, toi, dont l'héroïque constance méritait un autre cœur que celui d'un ambitieux; viens, je suis ton protecteur et ton défenseur. (A Élisabeth.) Oui, madame, Amy Robsart est ici chez elle; elle est ma femme !

ÉLISABETH.
Sa femme !

AMY, transportée de joie.

L'ai-je bien entendu! (A Élisabeth.) Ah! madame, épargnez-le, et que je meure maintenant.

ÉLISABETH, tremblant de colère.

Sa femme! elle, Amy Robsart!... un outrage aussi sanglant! une aussi lâche trahison!... Tremble, perfide, et rappelle-toi que ton père a porté sa tête sur un échafaud pour un crime moins grand que le tien.

LEICESTER.

Je suis Anglais et citoyen; c'est devant mes pairs que je me défendrai; je cours me jeter aux pieds de sir Hugues Robsart. Venez, comtesse de Leicester.

(Il sort avec Amy.)

SCÈNE IV.

ÉLISABETH, seule.

AIR.

Et j'ai pu supporter une telle arrogance
D'un sujet qui me doit ses honneurs, son crédit,
Comblé de mes bienfaits, partageant ma puissance!
Sur qui puis-je compter? Leicester me trahit!
Et seule sur ce trône où je suis exilée,
Quel autre ami me reste? et dans mon abandon,
A qui dire les maux dont je suis accablée,
  Et raconter sa trahison?

  Dans l'exil et les fers
  J'ai passé mon jeune âge,
  Et j'ai, par mon courage,
  Bravé tous les revers;
  Mais les soucis du trône,
  Les soins de ma couronne,
Ne m'ont point causé de tourments
Pareils à ceux que je ressens.

Il ne m'a donc jamais aimée ?
Et quand je lui donnais mon cœur,
De mon pouvoir, de ma grandeur,
Son âme seule était charmée.

Dans l'exil et les fers, etc.

Du moins, qu'il me redoute,
Lui qui put m'outrager :
Des larmes qu'il me coûte
Je saurai me venger !

Comtesse de Leicester !... et j'ai pu souffrir une telle arrogance d'un de mes sujets !... lui que j'ai comblé de mes bienfaits, lui que je voulais élever jusqu'à moi ! Il ne m'a donc jamais aimée, et ce trône où mon amour l'appelait était le seul objet de ses vœux ! (s'essuyant les yeux.) Allons, que ces pleurs du moins soient ma dernière faiblesse !... Holà ! quelqu'un ! Comte de Shrewsbury !

SCÈNE V.

ÉLISABETH, SHREWSBURY, RALEIGH, plusieurs Seigneurs de la cour.

ÉLISABETH, apercevant Raleigh.

C'est vous, Raleigh ? vous êtes bien hardi de vous présenter devant moi.

RALEIGH.

J'ignore en quoi j'ai pu déplaire à Votre Majesté.

ÉLISABETH.

Restez, je veux vous parler. Seigneur de Shrewsbury, vous êtes maréchal d'Angleterre. Je vous charge d'attaquer Robert Dudley, comte de Leicester, comme coupable de trahison.

SHREWSBURY.

O ciel ! serait-il possible ?

RALEIGH, à demi-voix.

Si c'est ce dont je me doute, ce doit être de haute trahison.

ÉLISABETH, se mettant à la table et écrivant.

Je vais vous donner l'ordre de l'arrêter; allez rassembler tous nos gentilshommes, que mon ordre s'exécute, et qu'on le saisisse sans délai. Quant à sir Walter, celui-ci est aussi votre prisonnier; et vous m'en répondez sur votre tête.

SHREWSBURY, à Raleigh, pendant que la reine écrit.

Quoi! milord, seriez-vous complice?

RALEIGH.

Il le paraîtrait. Voici mon épée; mais, si vous m'en croyez, mon cousin, vous ne vous hâterez point d'exécuter l'ordre de la reine : il y aurait peut-être du danger à arrêter Leicester, et demain on pourrait vous envoyer à la Tour de Londres, pour vous être trop pressé.

SHREWSBURY.

Je vous remercie, milord, je profiterai de vos avis.

RALEIGH.

Pour moi, il n'y a pas d'inconvénient, et je suis prêt à vous suivre.

ÉLISABETH, qui a écrit, se lève, tenant le papier à la main.

Non, monsieur, je veux auparavant vous parler, et voir comment vous justifierez votre conduite. (Donnant le papier à Shrewsbury.) Allez et amenez le comte devant moi, dès que ma cour sera rassemblée.

(Shrewsbury sort.)

SCÈNE VI.

ÉLISABETH, RALEIGH.

RALEIGH, à part.

Par saint Georges! je voudrais être loin d'ici.

ÉLISABETH.

Avez-vous exécuté, monsieur, les ordres que je vous avais donnés ? où est votre femme ?

RALEIGH, embarrassé.

Ma femme ?...

ÉLISABETH.

Oui, Amy Robsart, votre femme. Pourquoi ne me l'avez-vous pas présentée ?

RALEIGH.

J'avouerai à Votre Majesté ce que déjà elle sait, sans doute : je ne suis pas marié ; j'ai mérité toute sa colère.

ÉLISABETH.

Et en quoi, s'il vous plaît, voulez-vous que cette nouvelle excite ma colère ? Depuis quand l'union de sir Walter Raleigh est-elle devenue une affaire d'État ? et que me fait, après tout, que vous ou Robert Dudley ayez épousé Amy Robsart ?

RALEIGH.

Je sais, madame, que tout cela importe fort peu à Votre Majesté. (A part.) Je suis sauvé.

ÉLISABETH.

Ce qui m'importe, monsieur, c'est que les lois soient exécutées. De nouveaux renseignements me sont parvenus sur l'affaire de ce matin, et je vous trouve bien hardi d'avoir fait arrêter sir Hugues Robsart, d'avoir osé, sans un ordre de moi ou d'un ministre, attenter à la liberté d'un de mes sujets : voilà le seul crime qui excite ma colère, et pour lequel j'ai ordonné qu'on vous mît en accusation.

RALEIGH, à part.

J'entends ; je suis perdu ! mais je n'aurais jamais cru que mon crime me viendrait de là. (Haut.) Je ne prétends pas nier ma faute ; mais il me semblait que ce matin Votre Majesté avait daigné l'excuser.

ÉLISABETH.

Vous aviez eu soin d'en cacher les détails, et c'est de vous que je veux les connaître. Je veux savoir comment tout cela se trouve mêlé au mariage de Robert Dudley. Comment a-t-il connu Amy Robsart? comment l'a-t-il aimée? car il l'aimait, sans doute, et depuis longtemps? Eh bien! parlerez-vous?

RALEIGH.

Je suis bien malheureux, madame, de ne pouvoir même donner cette satisfaction à Votre Majesté; je ne connais aucune circonstance de ce mariage; c'est aujourd'hui que je l'ai appris pour la première fois; et vous jugerez combien cette découverte me fut pénible, quand vous saurez, madame, que j'adorais Amy Robsart, et que je me voyais trahi par elle. L'amitié que je portais au comte de Leicester, la reconnaissance que je lui devais, ont pu seules me décider à seconder son stratagème.

ÉLISABETH.

Quoi! vous aimiez?...

RALEIGH.

Je l'aime encore, madame; et pour vous dire à quel point je suis malheureux, j'ai vu sans effroi la colère de Votre Majesté. Ah! si vous saviez quel chagrin profond, quels regrets déchirants, de voir l'objet que l'on aimait indigne de notre amour!

ÉLISABETH.

Ah! que vous devez souffrir! vous aimiez, et vous fûtes trahi! et pourqui? pour Leicester!... Rassurez-vous, Raleigh, vous serez vengé, et bientôt votre indigne rival, perdant à la fois et l'honneur et la vie...

RALEIGH.

O ciel! que dites-vous? je ne puis le croire encore, et ce n'est pas là l'intention de Votre Majesté!

ÉLISABETH.

Raleigh!

RALEIGH.

Je suis indigne de pardon, je le sais, j'ai déjà mérité votre ressentiment, eh bien! j'oserai encore porter plus loin l'audace, j'oserai donner un conseil à Votre Majesté; oui, madame, vous ordonnerez de mon sort, mais daignez auparavant écouter la voix d'un sujet fidèle, qui ne veut que votre gloire et votre bonheur. Que prouverait le châtiment de Leicester? qu'il était aimé. Ah! ne souffrez pas, madame, qu'il emporte avec lui un si grand honneur.

ROMANCE.

Premier couplet.

Un seul instant, ô ma noble maîtresse,
De ton sujet daigne écouter la voix.
L'Europe entière, admirant ta sagesse,
Déjà te place au-dessus de ses rois!

Ah! sois par ta clémence
Digne de ce haut rang!
Un grand roi qu'on offense
Se venge en pardonnant.

Ensemble.

ÉLISABETH.

J'hésite, je balance,
Quel trouble agite ma raison!

RALEIGH.

La plus douce vengeance
Est moins douce que le pardon.

RALEIGH.

Deuxième couplet.

Ton sceptre seul n'est pas ce qu'on adore;
Et, si le ciel t'enlevait tes États,
Par ta beauté tu régnerais encore;
Qui l'oublia ne te méritait pas.

Que ton indifférence
Soit son seul châtiment;

L'amour que l'on offense
Se venge en pardonnant.

Ensemble.

ÉLISABETH.

J'hésite et je balance ;
Quel trouble agite ma raison !

RALEIGH.

La plus douce vengeance
Ne vaut pas un pardon.

ÉLISABETH.

Il suffit, Raleigh, restez près de nous. On vient ; que l'entretien que nous venons d'avoir demeure à jamais secret.

RALEIGH.

Votre Majesté sera obéie.

SCÈNE VII.

LES MÊMES ; SHREWSBURY, LEICESTER, sans épée, ROBSART, AMY, DAMES DE LA COUR.

ÉLISABETH, sans sévérité.

Je vois, milord Shrewsbury, que mes ordres ne sont point encore exécutés.

SHREWSBURY.

Le comte de Leicester a demandé lui-même à être conduit devant Votre Majesté, et j'ai pensé, madame, qu'il était convenable...

ÉLISABETH, d'un air gracieux.

Vous avez très-bien fait, nous n'avons rien à refuser au comte de Leicester ; il y a longtemps que son dévouement, sa loyauté, sa franchise, ont mérité notre royale protection, et c'est devant toute notre cour rassemblée, devant tout ce que l'Angleterre a de plus noble et de plus illustre, que nous voulons lui en donner une nouvelle preuve.

LEICESTER, à part.

Grands dieux ! quel est son dessein ?

ÉLISABETH.

Des raisons de politique et de convenance nous avaient obligée, jusqu'ici, à tenir secrète une alliance que rien, maintenant, ne nous empêche de faire connaître; nous sommes donc venue avec notre cour à Kenilworth, pour unir nous-même le comte de Leicester à la fille de sir Hugues Robsart.

LEICESTER.

Qu'entends-je !

ROBSART.

Est-il possible !

AMY.

Quoi ! madame, Votre Majesté daignerait ..

ÉLISABETH.

Relevez-vous, ma fille, relevez-vous, comtesse de Leicester. Eh bien, milord, tout est-il prêt, et pouvons-nous passer dans la salle du bal ?

SHREWSBURY.

On n'attend que les ordres de Votre Majesté.

ÉLISABETH.

Raleigh, vous me donnerez la main. (Au moment où il la lui présente.) Eh bien ! mon conseiller, êtes-vous content ?

RALEIGH.

Notre souveraine est encore la sage Élisabeth, ses sujets ne peuvent plus qu'admirer.

ÉLISABETH.

Je crois que vous aviez raison; le trouble, l'embarras où je les vois tous, me causent une satisfaction qui me fait oublier ma colère; et vous, Raleigh ?

RALEIGH.

Je ne suis pas aussi généreux que Votre Majesté, (Froidement.) je suis toujours furieux.

ÉLISABETH.

Vraiment! Vous verrez que c'est moi qui, à mon tour, serai obligée de vous donner des conseils; en conscience, je vous les dois, et je vous les promets.

SHREWSBURY, à Leicester.

Allons, voilà Raleigh en faveur, et il est homme à en profiter.

LEICESTER.

Je le pense comme vous, et je l'en félicite.

ÉLISABETH.

Allons, messieurs, partons, et hâtons-nous de profiter des réjouissances de Kenilworth; demain matin, nous retournerons à Londres. Je n'exige point que vous me suiviez, Leicester : il est juste d'accorder quelque chose à un nouveau marié, et nous vous permettons de rester à Kenilworth. Vous, Raleigh, je ne vous y laisserai point; (Regardant Amy.) l'air qu'on y respire ne vous vaudrait rien; vous nous servirez de chevalier, à nous et à ces dames.

(Raleigh s'incline, et offre sa main à la reine, qui l'accepte et qui sort, ainsi que toute sa suite.)

AMY.

Ah! mon ami, que je suis heureuse! et que de plaisir je me promets à ce bal! venez... Eh bien! qu'avez-vous donc? vous ne m'entendez pas?

LEICESTER, qui jusque-là était resté dans une rêverie profonde, revenu à lui-même, présente la main à sa femme. A part, et comme faisant une réflexion.

Roi d'Angleterre!...

(Il donne la main à Amy, et toute la cour sort par la galerie du fond, pendant le chœur suivant.)

LE CHŒUR.
D'Élisabeth chantons la gloire ;
Et nous, ses heureux sujets,
Conservons toujours la mémoire
De ses vertus, de ses bienfaits.

LE
VALET DE CHAMBRE

OPÉRA-COMIQUE EN UN ACTE

En société avec M. Mélesville

MUSIQUE DE M. CARAFA.

Théatre de l'Opéra-Comique. — 16 Septembre 1823.

PERSONNAGES.   ACTEURS.

LE COMTE EDMOND. . . . . MM. Huet.
GERMAIN, son valet de chambre . . . .   Darboville.
DUPRÉ, domestique du comte. . . . .   Belnie.
UN MAÎTRE D'HÔTEL . . . .   Casimir.
UN COCHER. . . . .   Duchenet.

LA COMTESSE, femme du comte Édmond . . . Mmes Prévost.
DENISE, femme de Germain. . . . .   Boulanger.

En province, dans le château du comte.

LE
VALET DE CHAMBRE

Un parc élégant. — A droite, un mur qui se prolonge jusqu'au fond, avec une petite porte, au quatrième ou cinquième plan. Ce mur et la petite porte sont masqués en partie par une charmille. Du même côté, sur le devant de la scène, un berceau formant une salle de verdure : à gauche, un pavillon orné de deux colonnes et de vases de fleurs, indiquant l'entrée d'un appartement au rez-de-chaussée.

SCÈNE PREMIÈRE.

LA COMTESSE, GERMAIN.

LA COMTESSE, sortant de chez elle, à la cantonade.

Vous m'écrirez, mon ami, vous penserez à moi. (A Germain.) Germain, ayez bien soin que rien ne manque à votre maître.

(Elle sort.)

GERMAIN, seul. Il est au fond, et salue à la cantonade.

Oui, madame la comtesse. (S'inclinant respectueusement.) Je souhaite un bon voyage à madame la comtesse. Eh bien!

eh bien! Comtois, prenez donc garde à vos chevaux... C'est ça; fouette, cocher! les voilà en route.

SCÈNE II.

LE COMTE, GERMAIN. Le comte sort du pavillon et regarde de tous côtés.

LE COMTE.
Germain, ma femme est-elle partie?

GERMAIN.
Oui, monsieur. Je viens de voir madame monter en voiture, et elle sera bientôt arrivée, car il n'y a qu'une lieue d'ici au château de madame votre tante.

LE COMTE.
Oui, elle a voulu aller voir cette bonne tante. Il y avait longtemps... et puis dès que cela lui était agréable... certainement, moi j'ai été le premier... elle ne revient que dans trois jours, n'est-ce pas?

GERMAIN.
Du moins, madame l'a dit ce matin.

LE COMTE.
Elle est charmante, ma femme; bonne, aimable, spirituelle et jolie... Sais-tu, Germain, que j'en suis toujours amoureux?

GERMAIN.
Vous, monsieur!

LE COMTE, froidement.
Comme un fou!... et depuis six mois que nous sommes enfermés tête à tête dans cette campagne...

GERMAIN.
Trois mois, monsieur!

LE COMTE.

Tu crois? qu'importe! le temps n'y fait rien... depuis trois mois, jamais, je pense, je ne l'ai trouvée plus aimable. Tout à l'heure, quand elle est venue me dire adieu, si tu savais quelle inquiétude elle avait pour ma santé! pauvre petite femme!... Dis-moi, Germain, qu'est-ce que nous allons faire pendant son absence? moi, je ne sais que devenir.

GERMAIN.

Il me semble que monsieur est habillé et prêt à sortir.

LE COMTE.

Oui... mais faut-il que je sorte?

GERMAIN.

Comment donc, monsieur! ça vous distraira.

LE COMTE.

Eh bien! à la bonne heure! Je vais me promener quelques instants.

GERMAIN, d'un air approbatif.

Ah!

LE COMTE, se retournant.

Germain, je rentrerai peut-être un peu tard... il serait même possible que... dans tous les cas, qu'on ne m'attende pas.

GERMAIN, d'un air étonné.

Ah! ah! (En confidence.) Suivrai-je monsieur?

LE COMTE, rêvant.

Non. (Gaiement.) Non, non, j'aime autant que tu restes. Tu profiteras de ces deux jours pour faire décorer le salon de ma femme... tu sais comme elle le désirait : des vases, des fleurs, des candélabres... ah! tu auras soin aussi de lui chercher une femme de chambre dont elle a besoin, afin qu'à son retour elle ait le plaisir de la surprise et voie que nous n'avons pas cessé de penser à elle.

GERMAIN.

Ah! monsieur, vous êtes le chef-d'œuvre des maris.

LE COMTE.

Adieu, Germain ; j'aurai peut-être besoin de tes services. (S'appuyant sur son épaule.) Tu es garçon, toi ; tu es célibataire ; on peut se fier à toi. Allons, allons, nous verrons. En attendant, je te laisse mes pleins pouvoirs ; tu es maître du château jusqu'à mon retour.

GERMAIN.

La cave en est-elle aussi ?

LE COMTE.

Sans doute...

(Il sort.)

SCÈNE III.

GERMAIN, seul.

Maître du château !... ma foi, une belle propriété ! (Se frottant les mains.) Madame est absente, monsieur est parti... je me doute à peu près pour quel motif... en conscience, il était temps ! ma place de valet de chambre ne me rapportait presque plus rien, et j'avais déjà demandé celle d'intendant ; mais heureusement cela s'annonce bien ! (Avec impatience.) Et cette petite Denise qui n'arrive pas ! à ce battement de cœur précipité, on ne se douterait guère que c'est ma femme que j'attends. (Regardant autour de lui.) Ma femme ! ah ! mon Dieu ! si mon maître savait que je suis marié malgré ses ordres !... ce serait fait de ma fortune.

AIR.

D'honneur ! je n'y puis rien comprendre,
L'hymen jadis n'avait pu me tenter ;
Depuis le jour où, sans me consulter,
On a voulu me le défendre,
Impossible de résister !
Et d'ailleurs comment résister ?

Ma Denise était si jolie!
Plus fraîche que la fleur des bois,
Elle me semblait embellie
Par son humble habit villageois.

Moi, dont la prude et la coquette
N'avaient pas su fixer l'amour...
Moi, que la plus vive soubrette
N'enchaîna jamais plus d'un jour...
Près d'une simple bergerette,
Je tremble et soupire à mon tour.

Mais ma Denise est si jolie!
Plus fraîche que la fleur des bois,
Je la trouve encor embellie
Par son humble habit villageois.

  Oui, plus d'orage,
  Plus de nuage!
  Dans mon ménage
  Je suis heureux..
  Et ma maîtresse,
  Par sa tendresse,
  Saura sans cesse
  Combler mes vœux.

  Puis, le doux mystère
  Vient tout embellir;
  Aimer et le taire,
  C'est double plaisir!
  Sans craindre le blâme,
  Heureux soupirant,
  Époux de ma femme,
  Je suis son amant.

  Oui, plus d'orage, etc.

Ah çà! maintenant que j'ai mon château et mes gens, je peux recevoir Denise chez moi et lui donner une certaine idée de la considération dont jouit son mari. Cette petite fille, qui n'est jamais sortie de son village, ne se doute pas de ce que c'est qu'un valet de chambre. (On frappe en dehors.) Voilà le signal ! c'est Denise.

(Il va ouvrir la petite porte.)

SCÈNE IV.

GERMAIN, DENISE.

DENISE.

Ah! c'est ben heureux! v'là une heure que je me morfonds à la porte.

GERMAIN.

Tu commences déjà par gronder?

DENISE.

Dame! si vous croyez que c'est agréable d'arriver comme ça en catimini, quand on est mariée pour de vrai!

GERMAIN.

Allons, embrasse-moi, et faisons la paix.

DENISE.

Non, monsieur.

GERMAIN.

Tu ne veux pas m'embrasser?

DENISE.

Du tout!... je suis fâchée contre vous. Tenez, je viens de chez le petit notaire bossu, qui est au bout du village; il m'a délivré ce papier, qui prouve comme quoi j' suis votre femme.

GERMAIN.

Ah! notre contrat!

(Il le met dans sa poche.)

DENISE.

Ah çà! n'allez pas le perdre, au moins... ça serait à recommencer.

GERMAIN.

C'est bon !

DENISE.

Il dit aussi que l'usage est de le faire signer à tous nos parents et connaissances.

GERMAIN.

Oui, excellent moyen... quand on veut qu'un mariage soit secret !

DENISE.

Mais ce secret-là, ça ne peut pas tenir... Ma tante et moi, nous avions d'abord promis de nous taire, parce que nous ne savions pas à quoi nous nous engagions ; mais v'là tout à l'heure huit jours que ça dure... j'en tomberai malade. La langue me démange, et j'allons mettre tout le village dans la confidence.

GERMAIN.

Je te le demande : de quoi te plains-tu ? je t'aime à la fureur.

DENISE.

Bel amour, ma foi ! qui m' force à m'ennuyer d'un côté, tandis que monsieur s'amuse de l'autre... Enfin, depuis notre mariage, j' sommes tout juste comme la lune et le soleil... je n' pouvons plus marcher de compagnie ! arrangez-vous... j' n'ai pas épousé un homme en place pour rien. D'ailleurs, quand on a de la délicatesse, ça répugne de s'entendre appeler *mamzelle*, quand on est *madame*.

GERMAIN.

Mais, Denise !...

DENISE.

Faut que ça finisse, j' veux loger au château et jouir, comme vous disiez, des prérogatifs de mon rang.

GERMAIN.

Voyez-vous l'ambition ! Mais songez donc qu'il y va de

notre fortune ! M. le comte Edmond, mon maître, pour reconnaître certains services que je lui avais rendus quand il était garçon, m'a fait douze cents livres de rentes, à la seule condition de rester à son service et de ne jamais me marier.

DENISE.

C'est drôle. Il déteste donc les femmes ?

GERMAIN.

Lui ! pas du tout, il les adore ! c'est le mariage qu'il ne peut souffrir.

DENISE.

Mais comment se fait-il donc alors que lui-même soit marié ?

GERMAIN.

Il l'a bien fallu ! Une femme charmante, soixante mille livres de rentes... il y a bien des honnêtes gens qui oublient leurs principes à meilleur marché. Mais il prétend qu'un valet marié n'est plus bon à rien ; qu'il devient négligent, paresseux.

DENISE.

Ah ! ça, monsieur Germain... il n'a pas tort. Il est sûr que, depuis notre mariage, vous êtes bien plus... je n' veux pas dire.

GERMAIN, lui prenant la main.

Qu'est-ce que c'est, mademoiselle Denise ?

DUO.

DENISE.

Vous ne cherchez plus à me plaire,
Vot' langage n'est plus si doux...
Enfin, c'est moi qui la première
Arriv' toujours au rendez-vous.

GERMAIN.

Ah ! mon bonheur est de te plaire,
Mais craignons les regards jaloux ;

Ce n'est qu'à l'ombre du mystère
Que je puis être ton époux.

DENISE.

Quoi ! toujours du mystère !

GERMAIN.

Un seul mot indiscret
Me perdrait.

DENISE.

Vous perdrait !

GERMAIN, en confidence.

J'ai la promesse de mon maître.
Je vais être
Son intendant.

DENISE.

Son intendant !... eh quoi ! vraiment ?

GERMAIN.

Quand ma fortune sera faite,
Je te permets d'être indiscrète.

DENISE.

Pour fair' cet' fortun' que j'attends,
Combien vous faudra-t-il de temps,
Vous qu'êt's un homm' de tête ?

GERMAIN.

Eh ! mais, comme je suis honnête,
Il me faudra bien, je le crois,
Quinze ou vingt mois.

DENISE, joignant les mains.

Quinze ou vingt mois,
Tant que cela ! quinze ou vingt mois !

Ensemble.

GERMAIN.

Mais jusque-là, sois bien discrète,
S'il se peut même sois muette;
Après cela je permettrai
Que tu mènes tout à ton gré.

DENISE.

Oh ! je serai toujours discrète,
Il faut que not' fortun' soit faite ;
Mais après ça, je parlerai,
Et j' conduirai tout à mon gré.

Mais quand not' fortun' sera sûre,
Dis donc, aurons-nous un' voiture?

GERMAIN.

Certainement.

DENISE.

Ah ! quel plaisir !
Ah ! d'abord, avant de mourir,
Moi, je veux aller en voiture.

GERMAIN.

Dès aujourd'hui, de ce plaisir,
Ma chère enfant, tu vas jouir,
Car à la fête du village
Je te conduis en équipage !

DENISE.

Comment ! j'irais en équipage !

GERMAIN.

Dans la calèch' de monseigneur !

DENISE.

Dans la calèche, ah ! quel honneur !
Déjà je la vois qui s'élance.

GERMAIN.

Pour t'admirer chacun s'avance.

DENISE.

Et puis le galop des chevaux,
Tôt, tôt, tôt, tôt, tôt, gare ! gare !
Quell' poussière ! quel tintamare !
Quel tapage dans nos hameaux !

Ensemble.

DENISE.

Ah ! quel plaisir !... dans le village,

Je m'en vais tous les éclipser;
Ah! dans ce superbe équipage,
Que je voudrais me voir passer!

GERMAIN.

Oui, les plus belles du village
Te verront passer, repasser,
Et de ce superbe équipage,
Tu vas toutes les éclipser.

GERMAIN, à Denise qui va pour sortir.

Ah! tu vas prévenir ta tante, parce que nous dînerons ici en tête à tête avant de partir. (Conduisant Denise à la petite porte.) Tiens, pour que tu ne sois plus obligée d'attendre, prends la clef de cette porte... et surtout, dépêche-toi.

(Il lui donne une clef, et Denise sort.)

SCÈNE V.

GERMAIN, puis DUPRÉ, LE MAITRE D'HOTEL, LE COCHER.

GERMAIN, appelant.

Holà! quelqu'un!... viendra-t-on quand j'appelle! Qu'ils se permettent de faire attendre mon maître, à la bonne heure; mais moi! Ah! vous voilà; c'est bien heureux! approchez, j'ai des ordres à vous donner.

DUPRÉ.

Mais, monsieur Germain, puisque M. le comte est parti!

GERMAIN.

Eh bien! ne suis-je pas là pour le représenter? ainsi, point de murmures, point de révolte d'antichambre, ou morbleu!... oh! c'est que je suis ferme sur la discipline... domestique! Vous, monsieur le chef... Eh! mais, c'est le nouveau cuisinier!

LE MAITRE D'HOTEL.

Oui, monsieur; je suis entré d'hier.

GERMAIN.

C'est bon. Eh bien! mon cher, il me faut pour aujourd'hui un petit dîner délicat... deux couverts, vous entendez?... il est essentiel que je m'assure de votre capacité... je vous ferai subir un examen détaillé. (Au cocher.) Pour vous, maître Pierre...

LE COCHER.

Je suis en train de nettoyer la grande berline.

GERMAIN.

La berline... non... je ne m'en servirai pas aujourd'hui; j'irai faire un tour à la fête de l'endroit; je prendrai la calèche... à la campagne, c'est plus sans prétention.

TOUS.

Mais, monsieur Germain...

GERMAIN.

Pas de réflexions! le dîner pour deux heures, la calèche au bas du perron. Ce sont les ordres de monseigneur, et si on réplique, je le lui dirai.

LE COMTE, au dehors.

C'est bon, attache mon cheval.

DUPRÉ.

Justement! je l'entends! à notre poste!

(Ils sortent.)

GERMAIN, déconcerté, regardant à gauche.

Eh bien! qu'est-ce que ça veut dire?... Oui, ma foi, c'est bien lui; il faut que je fasse donner contre-ordre à Denise. Qui diable peut le ramener sur ses pas? allons, de l'aplomb... et faisons bonne contenance.

SCÈNE VI.

LE COMTE, GERMAIN.

GERMAIN.

Comment! monseigneur? déjà de retour!

LE COMTE, d'un air agité.

Oui, je l'avoue, jamais l'on ne piqua plus vivement ma curiosité... et tu ne te douterais pas...

GERMAIN.

Si fait, monsieur... je connais déjà votre secret : quelque nouvelle passion qui vous met en campagne.

LE COMTE.

Une passion, non... mais c'est très-singulier... un minois charmant que j'ai entrevu il y a quelques jours, et que depuis je n'ai pu découvrir.

GERMAIN, à part.

Une intrigue à conduire... bonne affaire pour moi.

LE COMTE.

Je viens d'entrer dans toutes les maisons du pays. Je n'étais pas fâché de visiter ces bons villageois, de connaître par moi-même leur situation. Eh bien ! mon cher, je n'ai pas pu la rencontrer, et j'avais presque envie d'envoyer Dupré dans les environs.

GERMAIN.

Comment ! monsieur? employer Dupré dans une affaire aussi délicate !... je n'ai rien fait pourtant pour démériter de monsieur.

LE COMTE.

Sois tranquille... tu vois que j'ai recours à toi. Te doutes-tu de ce que ce peut être? une brune... dix-huit ans à peu près... un regard vif et piquant.

GERMAIN.

J'y suis. (A part.) C'est la femme du receveur. Depuis trois jours elle est chez sa belle-sœur, et revient aujourd'hui même. (Haut.) Eh bien! monsieur, je vous le jure, j'y avais déjà pensé sans vous en rien dire.

LE COMTE.

Comment! tu pourrais!... tu sais, Germain, comment je

reconnais un service... vingt-cinq louis, si tu me l'amènes ici.

GERMAIN.

Vingt-cinq louis!

TRIO.

GERMAIN.

Aujourd'hui même, ils sont à moi,
Je vous en donne ici ma foi.

LE COMTE.

Compte sur ma reconnaissance,
Si tu combles mon espérance.

GERMAIN, à part.

Ah! ah! ce brave receveur!
Je suis charmé, sur mon honneur,
De lui donner la préférence.

(La petite porte s'ouvre, Denise entre, la referme, et paraît interdite en voyant le comte.)

LE COMTE, sans voir Denise.

Oui, songe à la reconnaissance.

GERMAIN.

Aujourd'hui même, elle est à moi.

SCÈNE VII.

LES MÊMES; DENISE.

LE COMTE, voyant Denise.

Que vois-je! ô bonheur extrême!

(Tirant une bourse, qu'il donne à Germain.)

Mon cher Germain, ils sont à toi.

GERMAIN, sans voir Denise.

Comment! monsieur?

LE COMTE, vivement.

C'est elle-même.
Regarde, mon cher, la voilà.

GERMAIN, voyant Denise.

Grands dieux! qu'est-ce que j'ai fait là!

(Silence.)

Ensemble.

LE COMTE, à part.

Comme elle paraît interdite!
Que de grâces et que d'appas!
Elle tremble!... pauvre petite!
Je vais calmer son embarras!

DENISE à part, regardant le comte.

Mais quel trouble secret m'agite!
Je n'ose plus faire un seul pas.
De son regard j' suis interdite,
Tout augmente mon embarras.

GERMAIN, à part.

Ah! quelle méprise maudite!
Je n'ose plus faire un seul pas.
D'effroi mon âme est interdite!
Pour un mari quel embarras!

DENISE, faisant la révérence au comte.

Excusez la liberté grande,
(A Germain.)
C'est que l'on m'a fait avertir...

LE COMTE.

Oui, Germain vous a fait venir,
Mais c'est moi seul qui vous demande;
(A Germain.)
Vois donc!... quel air simple et discret!

GERMAIN, bas à Denise.

C'est monsieur... et notre secret!

DENISE, troublée.

Quoi! monseigneur!

GERMAIN, bas.

    De la prudence!

LE COMTE, à Denise.

Approchez-vous.

DENISE.

Je n'ose pas.

LE COMTE.

Ne craignez rien! quelle innocence!
Venez... quel touchant embarras!

(Denise lève les yeux et les baisse aussitôt.)

Ensemble.

LE COMTE, à part.

C'est bien elle, c'est elle-même,
Fraîcheur de rose, attraits piquans!
A son aspect, un trouble extrême
S'est emparé de tous mes sens.

DENISE, à part.

Quoi! c'est monseigneur! c'est lui-même!
Ah! juste ciel! quel contre-temps!
A son aspect un trouble extrême
S'est emparé de tous mes sens.

GERMAIN, à part.

Eh! quoi, c'est ma femme elle-même
Qui lui faisait courir les champs!
Ah! quand j'y songe, un trouble extrême
S'empare, hélas! de tous mes sens.

LE COMTE, à Denise.

Comment vous appelle-t-on?

DENISE, faisant la révérence.

Denise, monseigneur... nièce de ma tante la veuve Gervais, qui demeure au bout du village... pour vous servir, en face du marchand de vin.

LE COMTE.

Ah! la veuve Gervais... je la connais beaucoup! une pauvre femme?

DENISE.

Non, monseigneur, elle est riche.

LE COMTE.

C'est qu'il me semblait que dans le temps elle avait demandé une place au château.

DENISE.

C'est égal, monseigneur; on est riche, et on demande.

LE COMTE.

C'est trop juste!... eh bien! mon enfant, cette place, il faut la lui donner. Je ne veux cependant pas la séparer de sa nièce... et nous vous garderons au château... Voyons, Germain... où la placerons-nous?... ah! pour inspecter la lingerie... cette place vous conviendra parfaitement.

(Germain lui fait signe de dire non.)

DENISE, imitant le signe de Germain.

Non... non, monseigneur, j'y entends rien!

LE COMTE.

Ah! et... l'office?

(Même signe de Germain.)

DENISE, de même.

Ah! encore moins.

LE COMTE.

C'est malheureux! eh! que savez-vous donc faire, charmante Denise?

DENISE, suivant toujours les signes de Germain.

Rien, monseigneur, absolument rien.

LE COMTE.

A quoi passez-vous donc votre temps?

DENISE.

Dame! monseigneur, je bats le beurre et je fais des petits fromages à la crème.

LE COMTE, vivement.

Justement! c'est pour cela que je vous ai fait appeler. (A Germain.) Comme c'est heureux qu'elle sache faire des petits fromages! Tu les aimes, Germain, n'est-ce pas?

GERMAIN, avec un mouvement.

Du tout, monsieur. Je ne peux pas les souffrir !

LE COMTE.

Moi, j'en suis fou... c'est décidé, je vous mets à la tête de la laiterie.

DENISE.

Mais, monseigneur...

LE COMTE.

Nous allons arranger tout cela. N'est-ce pas, belle Denise, vous consentez à rester avec nous ?

DENISE, toujours embarrassée.

Dame ! monseigneur... faut que je consulte ma tante. V'là justement l'heure de son dîner... (Voulant sortir.) et je vous demandons la permission...

LE COMTE, la retenant.

Eh ! mon Dieu, quel dommage !... si j'avais eu à dîner au château, je vous aurais retenue.

GERMAIN.

Y pensez-vous, monseigneur !... une paysanne à votre table !

LE COMTE.

Oui, c'est d'un bon exemple... cela encourage la vertu, la sagesse ; mais on ne m'attendait pas, et rien n'est disposé.

SCÈNE VIII.

Les mêmes ; DUPRÉ, une serviette sous le bras.

DUPRÉ.

Monsieur Germain, le dîner est servi.

LE COMTE.

Comment ! le dîner ?

GERMAIN, à part.

Ah! le butor!

DUPRÉ, au comte.

Oui, un dîner que M. Germain a commandé par ordre de monseigneur... tout ce qu'il y a de plus délicat, et deux couverts.

LE COMTE, à Germain.

Deux couverts!... toi qui tout à l'heure blâmais... par exemple, mon ami, voilà une surprise, une attention... (A part.) Il n'y a que ce coquin-là pour penser à tout. (Haut à Dupré.) C'est bien, nous dînerons sous ce feuillage. Denise, vous ne me refuserez pas?

DENISE.

Mais, monseigneur, et ma tante?

LE COMTE.

Je vous reconduirai chez elle. (A Dupré.) Que l'on tienne la calèche prête aussitôt après le dîner.

DUPRÉ.

Elle l'est, monseigneur.

LE COMTE.

Comment!...

DUPRÉ.

M. Germain avait fait atteler, par ordre de monseigneur.

LE COMTE, stupéfait d'admiration.

Ah çà! Germain, c'est trop fort... je ne pourrai jamais payer un serviteur comme celui-là. (Lui donnant une autre bourse.) Tiens, mon garçon.

GERMAIN, à part.

Dieu! quelle situation! (Il met la bourse dans sa poche d'un air de désespoir.) Mais, monsieur, que va penser la tante de cette petite fille? elle la croira perdue, enlevée, ou quelque chose comme cela. Moi, je me figure son inquiétude.

LE COMTE.

Tu as parbleu raison; mon ami, tu vas sur-le-champ aller la prévenir qu'elle peut être tranquille, que sa nièce...

GERMAIN, troublé.

Mais, monsieur, pourquoi pas plutôt....

(Regardent Dupré.)

LE COMTE.

Oh! tu expliqueras mieux, toi... tu sais donner une couleur, une tournure aux choses.

GERMAIN.

Mais, monsieur...

LE COMTE, d'un ton sec.

Allons, ne m'entends-tu pas? Obéis sans répliquer.

GERMAIN, à part.

Il n'y a pas à balancer... le péril presse... trouvons vite quelque moyen de détourner l'orage qui gronde sur ma tête.

(Il sort en faisant des signes à Denise. Dupré est sorti un peu avant.)

SCÈNE IX.

LE COMTE, DENISE.

LE COMTE.

C'est un usage que je veux adopter; tous les ans je recevrai à ma table les jeunes villageoises de ce canton. (Lui prenant la main.) Je doute, par exemple, que j'en trouve jamais d'aussi aimables et d'aussi gentilles.

DENISE, à part.

Est-ce que, par hasard, monseigneur voudrait m'en conter? ça s'rait bien fait; ça apprendrait à ce glorieux d'Germain, qui n' veut pas m'avouer pour sa femme...

LE COMTE.

Dites-moi, Denise, est-ce que votre tante veut continuellement vous laisser dans ce village?

DENISE.

Dame ! faudra bien.

LE COMTE.

Je prétends, moi, qu'à la fin de la saison, ma femme vous emmène avec elle.

DENISE.

Comment ! monseigneur, vous croyez que j' pourrais aller à Paris?

LE COMTE.

Une jolie femme ne peut pas vivre ailleurs.

RONDEAU.

C'est à Paris
Que le plaisir règne sans cesse ;
C'est à Paris
Que tous les cœurs lui sont soumis !
Pour la beauté, pour la jeunesse,
Où trouve-t-on le paradis?
C'est à Paris !

Là, de nouveaux miracles
S'offrent de toutes parts ;
La pompe des spectacles
Enchante vos regards.
Des parures nouvelles
Rehaussent vos appas,
Et les amours fidèles
S'empressent sur vos pas !

C'est à Paris
Que le plaisir règne sans cesse, etc.

Au bal le plaisir vous appelle !
Écoutez ces accents joyeux ?
En vous voyant on dit : C'est elle,
Regardez-la !... c'est la plus belle,
Vous seule fixez en ces lieux
Et tous les cœurs et tous les yeux.

C'est à Paris
Que le plaisir règne sans cesse ! etc.

DENISE.

Ah! monseigneur! je ne croirai jamais à tant de belles choses.

LE COMTE.

Si je mens, je veux que ce baiser soit le dernier que je prenne de ma vie.

(Il lui baise la main.)

SCÈNE X.

LES MÊMES; GERMAIN, entrant, le voit, et laisse tomber une pile d'assiettes qu'il tenait.

GERMAIN, la serviette sous le bras, aux domestiques.

Aïe! les maladroits!... prenez donc garde!

(Deux valets placent la table sous le berceau.)

LE COMTE.

Qu'est-ce que c'est?

GERMAIN, tout troublé.

Le... le dîner... que je vous annonce.

LE COMTE.

Comment! te voilà déjà de retour?

GERMAIN.

J'ai réfléchi... que vous auriez besoin de moi pour servir à table; dans ces cas-là, il faut un homme de confiance.

LE COMTE.

Oui, il vaut mieux que tu sois là qu'un autre.

GERMAIN.

C'est ce que je me suis dit, et j'ai envoyé quelqu'un avec des instructions détaillées. (A part.) Le cheval de monseigneur était encore sellé... et fouette, postillon. Mon messager doit déjà être arrivé.

(Pendant cet aparté Denise et le comte se sont mis à table. Germain s'approche, la serviette sous le bras.)

DENISE, à part.

Ah! mon Dieu! à table avec monseigneur! Si ça se savait dans le village, ça ferait de fières jalousies!

LE COMTE, découpant et servant Denise.

Eh bien! Denise, vous ne mangez pas?

DENISE.

Oh! monseigneur, j'ose pas. La joie me coupe l'appétit.

GERMAIN, à part.

Quelle humiliation! me voir là, la serviette sous le bras, quand je devrais l'avoir à la boutonnière!

LE COMTE.

Germain, à boire!

GERMAIN.

Voilà, monsieur. (A part.) O soif insatiable des richesses!
(Il verse à boire à Denise, sa main tremble.)

DENISE.

A vot' santé, monsieur Germain; sans vous oublier, monseigneur!

LE COMTE, à Germain qui lui verse à boire.

Eh bien! Germain, comment la trouves-tu?

GERMAIN, à demi-voix.

Hum! au premier coup d'œil, elle a assez d'éclat; mais, après...

LE COMTE, bas.

Qu'est-ce que tu dis donc? le minois le plus piquant, un sourire!...

GERMAIN.

Un peu niais.

LE COMTE.

Des yeux!

GERMAIN.

Qui ne disent rien.

LE COMTE.

Pour toi, c'est possible; mais nous autres...

DUPRÉ, qui s'est approché.

Monseigneur a raison; elle est charmante !

GERMAIN, à part.

Détestable flatteur! (Haut.) Monsieur Dupré, ce n'est pas ici votre place... sortez, et soyez au service.

(Dupré sort.)

LE COMTE.

Belle Denise, je bois à votre fortune future.

DENISE.

Monseigneur veut se gausser de moi; mais, tout d' même, j'ons des bouffées d'ambition. On sait ce qu'on vaut, et, quelquefois... (Regardant Germain à la dérobée.) je pense que je méritais peut-être mieux que ce que j'ai.

GERMAIN, à part.

Merci !

LE COMTE.

Voyons, parlez franchement, combien avez-vous d'amoureux ?

DENISE.

Vous me croirez si vous voulez, je n'en ai qu'un.

LE COMTE.

Aimable ?

DENISE, imitant le ton de Germain.

Au premier coup d'œil; mais, après... Monsieur Germain, je vous demanderai une assiette.

LE COMTE.

Allons, c'est quelque sot ?

GERMAIN, à part.

J'en ai peur.

LE COMTE.

Jaloux, peut-être ?

DENISE.

Comme un Turc!... Je suis sûre qu'il m'espionne, et je n'ai qu'à bien me tenir... quand nous serons seuls, il me fera une scène...

GERMAIN, à part.

Ah! sans les douze cents livres de rentes... morbleu!
(Frappant du pied.)

LE COMTE, de son côté.

Qu'est-ce que c'est?

GERMAIN.

Une crampe... qui m'a pris.

LE COMTE, à Denise.

Allons, Denise, puisque vous ne mangez plus, une petite chanson villageoise; je suis sûr que vous avez une voix délicieuse.

DENISE.

Oh! monseigneur, M. Germain dit que j'ai des dispositions; mais v'là tout.

GERMAIN, à part.

Hum! la petite sotte!

LE COMTE, surpris.

Comment! Germain?...

GERMAIN, embarrassé.

Oui, oui, monseigneur; à mes moments perdus je fais chanter ces petites filles: je sais que vous aimez qu'on entretienne chez vous le goût des beaux-arts, et c'est pour cela que j'ai formé ici un petit conservatoire... champêtre.

LE COMTE, souriant.

Parbleu! je serai ravi d'entendre une de tes élèves. Je vous écoute, charmante Denise.

DENISE.

Dame, monseigneur, je n'sais que ma chanson des échos.

LE COMTE.

C'est très-bien ; c'est pastoral !

DENISE.

COUPLETS.

Premier couplet.

Le soir, la jeune Colette,
En revenant au hameau,
Dans l' bois allait en cachette,
Et causait avec l'écho ;
Essayant sa douce voix,
Elle lui chantait parfois :
Ah ! ah ! ah ! ah !
Et l'écho, toujours complaisant,
Lui répétait au même instant :
Ah ! ah ! ah ! ah !
Ah ! ah ! ah ! ah !
Ah !

Deuxième couplet.

Hier, Colin et Colette
S'étaient brouillés de nouveau,
Elle arrive au bois seulette,
Et s'adressant à l'écho :
Dis-moi si Colin m'aimera ?
L'écho répondit à cela :
Toujours, toujours,
Ah ! ah ! ah ! ah !
Car par un prodige nouveau,
C'est Colin qui faisait l'écho,
Ah ! ah ! ah ! ah !
Ah ! ah ! ah ! ah !
Ah !

LE COMTE, à Denise.

C'est charmant ! (Bas à Germain.) Mon cher Germain, c'est fini, j'en suis fou.

GERMAIN, bas.

Monsieur, prenez garde, le décorum... l'exemple, et puis cette pauvre petite, sa réputation...

####### LE COMTE, bas.

Sois tranquille, nous la ferons rosière.

####### GERMAIN, à part.

Rosière ! je suis perdu ! (Hors de lui.) Eh bien ! monsieur, puisqu'il faut tout vous dire...

SCÈNE XI.

LES MÊMES ; DUPRÉ, DEUX VALETS.

####### DUPRÉ.

Monseigneur, la voiture de madame vient d'entrer dans la cour.

####### LE COMTE, troublé, et se levant.

Comment ! ma femme ! qui peut la ramener ?

####### GERMAIN, s'essuyant le front.

Je suis sauvé !... Il était temps !

####### DUPRÉ.

Madame la comtesse monte l'escalier de la terrasse.

####### LE COMTE.

Il serait vrai !... déjà de retour !... je suis enchanté... Eh bien, Dupré, vous restez là ? allez donc au-devant de votre maîtresse. (Aux deux valets.) Vous, cachez vite cette table. (Dupré sort ; les deux valets cachent la table dans le bosquet, et sortent. A Denise.) Quant à vous, ma belle enfant, je ne pourrai pas vous reconduire chez votre tante ; mais l'on va vous accompagner. (S'approchant de la petite porte, à Germain.) Eh bien ! comment s'ouvre cette porte ?

####### DENISE.

Ah ! mon Dieu !... la clef sera restée en dehors.

####### LE COMTE, à Germain.

Et la tienne, bourreau !

####### GERMAIN, troublé.

Moi ! la mienne ? je ne l'ai pas.

LE COMTE, vivement.

Et comment veux-tu que je fasse?... quoique certainement je n'aie que les intentions les plus innocentes... comment justifier, aux yeux de la comtesse, la présence de cette petite fille?... On vient de ce côté, il n'y a pas d'autre moyen, entrez dans cet appartement.

(Il pousse Denise, qui entre dans l'appartement à gauche.)

SCÈNE XII.

LE COMTE, LA COMTESSE, GERMAIN.

LA COMTESSE, avec empressement.

Ah! mon ami, que je suis contente de vous voir! j'avais beau presser les postillons, je craignais toujours d'arriver trop tard... (Avec intérêt.) Eh bien! comment vous trouvez-vous?

LE COMTE, étonné.

Comment... je me trouve?

LA COMTESSE.

Oui... il paraît que cela va mieux, et que c'est passé?

LE COMTE.

En vérité... je ne vous comprends pas.

LA COMTESSE.

Pourquoi me regardez-vous d'un air étonné?... Vous voyez bien que je suis instruite; on m'a tout dit... on a eu la bonté de me prévenir.

LE COMTE, intrigué.

Par exemple!

LA COMTESSE.

Voyez plutôt ce billet écrit à la hâte et au crayon... vous m'avez fait une peur!

LE COMTE, lisant.

« Ne perdez pas de temps, madame... votre mari est en

« ce moment dans le plus grand danger. » (Pendant ce temps Germain donne des signes d'intelligence ou étouffe des éclats de rire.) Qui diable s'intéresse donc aussi vivement à ma santé ?... et d'où vous vient cet avis charitable ?

LA COMTESSE.

Il a été apporté par un jeune villageois, monté sur un cheval de votre écurie, et il est reparti au galop, sans qu'on ait pu lui demander aucun détail.

LE COMTE, déconcerté.

Germain, y comprends-tu quelque chose ?

GERMAIN, bas, d'un air hypocrite.

Moi, monsieur ?... je m'y perds !

LA COMTESSE, avec intérêt.

J'en étais sûre !... dès que je vous quitte un seul instant... mon ami, si vous vous trouviez dans le même danger... promettez-moi de me faire avertir.

GERMAIN.

Oh ! pour ça, madame la comtesse, je m'en charge.

LA COMTESSE.

Heureusement que ce n'était qu'un léger accès...

LE COMTE.

De migraine... ah ! mon Dieu, pas autre chose... et cela ne valait pas la peine...

GERMAIN.

Si fait, si fait !... ça serait devenu peut-être plus sérieux que vous ne croyez... vous rappelez-vous, monsieur?... il y a eu un moment où vous n'étiez pas à votre aise, ni moi non plus, j'ai eu peur...

LE COMTE, impatienté.

Allons, brisons là. (A la comtesse.) Voulez-vous faire un tour de promenade ?

LA COMTESSE.

Non, je ne suis pas encore remise de l'émotion que j'ai éprouvée, et j'aime mieux rentrer dans mon appartement.

LE COMTE, à part.

Ah! mon Dieu! (Haut.) Ma bonne amie, je voudrais vous dire...

LA COMTESSE.

Eh bien! qu'avez-vous donc?

LE COMTE, bas, à Germain.

Germain, tire-moi de là.

GERMAIN, à la comtesse.

Je suis sûr que madame la comtesse ne s'attend pas à ce qu'elle va trouver dans son appartement; la plus jolie petite femme...

LA COMTESSE, à son mari.

Une femme chez moi!... en mon absence!

GERMAIN.

C'est moi qui ai pris la liberté de l'amener au château.

LE COMTE, bas à Germain.

C'est bien. (Haut.) Comment! vous vous êtes permis?... qu'est-ce que cela signifie?... quelle est cette femme?

GERMAIN.

La mienne, monsieur.

LE COMTE, à part.

Que veut-il dire?

GERMAIN.

Oui, monsieur, ma propre femme; que j'ai épousée, il est vrai, sans vous en prévenir; je savais que, quoique payé pour aimer le mariage, M. le comte ne voulait à son service que des célibataires.

LE COMTE.

Eh bien?

GERMAIN.

Eh bien! monsieur, j'avais rencontré une petite fille charmante, aimable, ingénue, et fort riche, un bon parti, la nièce de madame Gervais, une fermière de ce village; je l'avais amenée ici, en l'absence de madame. Je comptais la lui présenter à son retour, en qualité de femme de chambre, puisque madame en a besoin d'une, et que monsieur, qui prévient tous les désirs de madame, m'avait chargé d'y pourvoir... Voilà l'exacte vérité, et j'ose espérer que ce que je viens de faire m'obtiendra l'agrément de madame, et surtout l'approbation de monsieur.

LE COMTE, à part.

Ce drôle-là ment avec une facilité vraiment effrayante !

LA COMTESSE, enchantée.

Quoi! mon ami, vous vous étiez occupé de me procurer une femme de chambre ? quelle attention ! en vérité, vous pensez à tout. Germain, suivez-moi, je veux que vous me la présentiez sur-le-champ.

(Le comte lui donne la main jusqu'à son appartement, elle y entre, Germain la suit en faisant des signes d'intelligence à son maître.)

SCÈNE XIII.

LE COMTE, seul, après un moment de silence.

D'honneur, je ne reviens pas de l'audace de ce maraud-là, et l'on est heureux d'avoir à son service des coquins aussi intrépides. Il nous a improvisé là une histoire... fort à propos, car je ne sais pas, sans elle, comment je m'en serais tiré. Voyez cependant à quoi tient une réputation de bon mari ! il y a comme cela une foule d'occasions dans la vie où, sans avoir rien à se reprocher, on se trouverait compromis par la maladresse des circonstances ; non, réellement, les pauvres époux en sont toujours les victimes.

SCÈNE XIV.

LA COMTESSE, LE COMTE.

LA COMTESSE.

Ah! mon ami, je suis enchantée!... vous m'avez fait là un véritable cadeau.

LE COMTE.

Vraiment? vous croyez qu'elle pourra vous convenir?

LA COMTESSE.

Sans doute... un air de douceur, de naïveté.

LE COMTE.

Je crois l'avoir vue, il n'y a pas longtemps, elle m'a paru fort bien.

LA COMTESSE.

Charmante! et puis ce ménage a l'air si uni!

LE COMTE.

Hein?

LA COMTESSE.

J'aime à voir les ménages heureux, cela me rappelle le nôtre.

LE COMTE.

Comment! madame?

LA COMTESSE.

COUPLETS.

Premier couplet.

Ce tableau retrace à mon âme
Mon bonheur, notre amour naissant;
Germain paraît aimer sa femme,
Il est aimable et complaisant.
Pour mieux s'en faire aimer, peut-être,
Je vois qu'il vous imite en tout :

Il est galant comme son maître ;
Le bon exemple fait beaucoup !

LE COMTE, intrigué.

Qu'est-ce que vous dites donc ?... quoi ! Germain...

LA COMTESSE.

Deuxième couplet.

Oui, mon ami, dans leur ménage
Ils seront heureux comme nous...
Denise a les mœurs du village,
Germain ne sera point jaloux ;
Vous prenant toujours pour modèle,
Rien ne pourra changer son goût :
A sa femme il sera fidèle ;
(Lui prenant la main avec tendresse.)
Le bon exemple fait beaucoup !

LE COMTE, à part.

Le compliment vient à propos !

LA COMTESSE, mystérieusement.

Enfin, dans un moment où ils étaient derrière moi, j'ai vu très-distinctement dans la glace...

LE COMTE, surpris.

Quoi ! madame... vous avez vu...

LA COMTESSE.

Qu'il l'embrassait... où est le mal ?

LE COMTE, vivement.

Et vous avez souffert !...

LA COMTESSE.

Vouliez-vous que j'interposasse mon autorité ? j'ai fait semblant de ne pas m'en apercevoir.

LE COMTE.

Voilà ce que je ne permettrai pas.

LA COMTESSE.

Comment !... à son mari !...

LE COMTE.

Son mari ! son mari ! tant que vous voudrez ; ce n'est pas une raison, et je trouve fort extraordinaire... (Il appelle.) Germain !

LA COMTESSE.

Je ne vous ai jamais vu si scrupuleux !

LE COMTE.

C'est que vous ne savez pas que ce maraud serait capable de profiter... et avec moi, d'abord, les mœurs avant tout. Germain ! Laissez-moi, ma chère amie ! j'ai à le gronder.

LA COMTESSE.

Pour cela ?

LE COMTE.

Non... pour des occasions... où il s'est oublié d'une manière...

LA COMTESSE.

Eh bien ! à la bonne heure ; mais de l'indulgence. Je vais donner des ordres pour qu'on place Denise à côté de mon appartement.

(Germain paraît.)

LE COMTE, sans le voir.

A côté de votre appartement... vous avez raison.

(La comtesse rentre chez elle.)

SCÈNE XV.

LE COMTE, GERMAIN.

LE COMTE, se retournant, et apercevant Germain.

Ah ! vous voilà, monsieur ! y a-t-il assez longtemps que je vous appelle !

GERMAIN, à haute voix.

Pardon, monsieur. J'étais avec ma femme... (Avec sa voix ordinaire.) avec Denise.

LE COMTE, se contenant.

Ah! vous étiez avec Denise... et vous lui disiez...

GERMAIN.

Je lui disais ce qu'elle avait à faire auprès de madame. Il fallait bien que quelqu'un l'instruisît de ses devoirs... et certainement ce n'aurait pas été monsieur qui aurait pu...

LE COMTE, avec une colère concentrée.

Germain!

GERMAIN.

Monsieur!.

LE COMTE.

J'ai idée que je te ferai mourir sous le bâton!

GERMAIN, reculant.

Comment! monsieur? qu'est-ce que c'est donc que ces idées-là!

LE COMTE.

J'ai deviné vos desseins : vous voulez séduire cette petite fille, abuser de son inexpérience, de sa timidité!... Moi, dont les intentions sont pures et désintéressées, je ne permettrai pas que chez moi...

GERMAIN.

Monseigneur, je peux vous jurer...

LE COMTE.

Et ce baiser de tout à l'heure?

GERMAIN.

Ce baiser? (A part.) Qui diable a pu lui dire?...

LE COMTE.

Oh! tu vas encore mentir... j'ai déjà vu que ça ne te coûtait rien. Mais je sais que dans l'instant même...

GERMAIN.

Eh bien! oui, monsieur, c'est la vérité, je l'ai embrassée; mais dans votre intérêt! J'ai vu que madame la comtesse avait des doutes sur la réalité de l'histoire que j'ai été obligé de composer pour vous rendre service; il fallait confirmer son erreur, dissiper tous les soupçons. J'ai pris alors un parti désespéré, je l'ai embrassée en dissimulant; c'était la meilleure manière de cacher notre jeu; et ce baiser que j'ai donné à Denise est peut-être ce que j'ai fait aujourd'hui de plus utile pour vous. Mais on aurait beau s'exposer, se dévouer pour les maîtres, ils trouveraient encore qu'on n'a pas assez fait pour eux.

LE COMTE.

Si fait, si fait; je trouve, au contraire, que ton zèle t'emporte trop loin, et j'ai quelque arrière-pensée que tu dissimulais pour ton compte.

GERMAIN.

Moi, monsieur!

LE COMTE.

Je vais du reste m'en assurer. Denise vient de ce côté... je serai là, (Montrant le bosquet à droite.) à portée de tout voir et de t'entendre, et je saurai au juste, fidèle serviteur, où vous en êtes avec elle.

GERMAIN, inquiet.

Quoi! monseigneur, vous vous défiez?... je suis bien sûr de mon innocence; mais, enfin, si le hasard voulait qu'elle me fît des avances; moi, je ne suis pas responsable...

LE COMTE.

Sois tranquille, ce n'est pas cela que je redoute; mais prends garde à toi! s'il t'arrive de dissimuler avec elle, je te chasse.

(Il entre dans le bosquet, et se montre de temps en temps.)

SCÈNE XVI.

LE COMTE, caché, GERMAIN, puis DENISE.

GERMAIN, à lui-même.

Dieu! quelle pénible alternative! d'un côté, une place; de l'autre, ma femme! Ma place et ma femme, ma femme et ma place!

DENISE, entrant par la gauche.

Ah! vous voilà! que madame la comtesse est donc bonne et avenante, et que je suis contente d'être à son service! et puis, ce qui me fait encore plus de plaisir, c'est que v'là tout qui est déclaré, et que, par ainsi, il n'y a plus besoin de frime.

LE COMTE, à part.

Hein? qu'est-ce qu'elle dit donc là?

(Pendant cet aparté Germain fait des signes à Denise.)

DENISE.

Eh bien! monsieur Germain, qu'est-ce que vous avez donc? Vous ne répondez pas; vous êtes fâché de ce qu'on vous a forcé d'être mon mari?

GERMAIN.

Votre mari, votre mari! vous savez bien, mademoiselle Denise, que ce n'est que jusqu'à un certain point.

DENISE.

Comment! jusqu'à un certain point! puisque c'est devant M. le comte et madame la comtesse, et qu'ils y consentent tous deux.

GERMAIN.

C'est égal, Denise; si l'on vous entendait, on s'étonnerait de votre naïveté. Ce n'est là qu'un hymen provisoire; enfin, ce qu'on appelle un mariage pour rire.

DENISE.

Eh bien! par exemple, qu'est-ce qui y manque donc? (Le cœur gros.) Ah! mon Dieu, v'là ce que c'est que de ne pas faire comme tout le monde; si l'on me rattrape jamais à me marier comme ça!...

GERMAIN.

Mais, Denise!...

DENISE, pleurant.

Qu'est-ce que va dire ma tante! c'est pour elle, car pour moi, ne croyez pas que je vous regrette... ah! bien oui, un mari pour rire; on n'est pas en peine d'en trouver.

(Elle fait un pas pour sortir.)

GERMAIN.

Eh bien! il ne manquait plus que cela! Denise, écoute-moi. (Haut, de façon que son maître l'entende.) Il faut dire comme elle, car elle serait capable de tout découvrir. (A Denise.) Certainement, Denise, je ne refuse pas d'être votre mari; et l'honneur que vous me faites... d'autant plus que monseigneur, qui doit me connaître... et s'il ne tenait qu'à moi... mais mon devoir, la probité qui fait que... enfin, vous devez me comprendre.

DENISE.

Pas tout à fait; mais je crois que ça veut dire que vous êtes fâché de m'avoir fait du chagrin; aussi j'oublie tout, car je suis trop bonne; allons, monsieur, embrassez-moi, et que ça finisse.

GERMAIN, à part.

Ah! mon Dieu!

LE COMTE, à part.

Je ne la reconnais plus!

QUATUOR.

DENISE.

Eh bien! quand je fais tous les frais,
Vous refusez d' signer la paix!

GERMAIN, troublé.

Mais écoutez-moi donc, Denise.

DENISE.

Non, non, monsieur, c'est une horreur.
Je vois bien que l'on me méprise,
Mais j'irai m' plaindre à monseigneur!

GERMAIN.

Comment! vous plaindre à monseigneur!

DENISE.

Il m' rendra justice, j' suis sûre :
Il disait encor ce matin,
Tandis qu'il me baisait la main...

GERMAIN, avec colère.

Comment! il vous baisait la main!
Vous avez souffert cette injure!

DENISE.

C'est qu'il est aimable et si bon!

GERMAIN.

Grand Dieu! j'en perdrai la raison!

Ensemble.

DENISE.

Pourquoi cette colère,
Ce regard furibond?
C'est bien à vous, j'espère,
A m' demander pardon!

GERMAIN, à part.

J'étouffe de colère!
J'en perdrai la raison.
Soyons, soyons sévère,
Non, non, plus de pardon!

LE COMTE, à part.

J'étouffe de colère!
Mais j'en aurai raison.

Soyons, soyons sévère,
Non, non, plus de pardon !

(A la fin de cet ensemble, le comte aperçoit sa femme ; il s'enfonce dans le bosquet, observe pendant la scène suivante et paraît arriver d'un autre côté à la scène XVIIIe.)

SCÈNE XVII.

LES MÊMES ; LA COMTESSE.

LA COMTESSE.
Quoi ! mes enfants, une querelle !
DENISE, pleurant.
Oui, oui, madame, c'est affreux !
LA COMTESSE.
Qu'est-ce donc ?
GERMAIN.
Une bagatelle.
C'est que...
LA COMTESSE.
Enfin ?
GERMAIN.
C'est que je veux...
DENISE, sanglotant.
Non, non, au contraire, madame,
C'est qu'il n' veut pas...
LA COMTESSE.
Comment ?
DENISE, de même.
Il n' veut pas m'embrasser ! sa femme !
J' vous d'mand'...
LA COMTESSE.
Calmez-vous, mon enfant.
(A Germain.)
Comment ! faire pleurer sa femme !
Mais, Germain, c'est très-mal, vraiment.

Je veux qu'on fasse bon ménage,
Ou sinon...
(Souriant.)
Quel enfantillage!
Allons, allons, faites la paix.

GERMAIN, regardant le bosquet.

Je dois obéir à madame.

LA COMTESSE.

Allons, embrassez votre femme;
Plus de querelle désormais!

DENISE, avec joie.

Ah! madam', que vous êtes bonne!

GERMAIN, à genoux.

Denise, allons, faisons la paix!
Pardonne.

DENISE.

Oui, je te pardonne.

Ensemble.

LA COMTESSE.

Allons, allons, faites la paix,
Plus de soucis, plus de regrets.

GERMAIN et DENISE.

Allons, allons, faisons la paix,
Plus de soucis, plus de regrets.

(Germain embrasse Denise.)

SCÈNE XVIII.

LES MÊMES; LE COMTE.

LE COMTE, sévèrement à Germain.

Quoi! monsieur! quelle audace extrême!
Je vous retrouve encor chez moi!
Sortez, sortez à l'instant même,
Cherchez ailleurs un autre emploi.

18.

GERMAIN.
Comment! comment! c'est fait de moi!
DENISE.
Ah! monseigneur!
LE COMTE, à Germain.
Oui, je te chasse
DENISE.
Comment! vous chassez mon mari?
LE COMTE.
Votre mari!
(A part.)
Mais, quelle audace!
DENISE.
De grâce!
LE COMTE.
Non!
DENISE.
Pardonnez-lui!
Ah! pardonnez à mon mari!
LE COMTE, à part avec colère.
Son mari! toujours son mari!
Elle y tient!
(Haut.)
Non!
DENISE.
Pardonnez-lui!

Ensemble.

LE COMTE, à part.
Ah! c'en est trop, et ma vengeance
Doit ici me servir de loi!
Le coquin, dans son insolence,
Ose encor l'emporter sur moi!
LA COMTESSE.
Mon ami, quelle est son offense?

(A Denise.)
Calmez-vous, calmez votre effroi ;
Du soin d'adoucir sa vengeance,
Allez, reposez-vous sur moi.

DENISE, à part.

Mais, voyez quelle extravagance !
Vraiment, il me glace d'effroi.
Ah ! mon Dieu, quelle différence !
Il était si galant pour moi.

GERMAIN, à part.

Ah ! je dois craindre sa vengeance,
Ses regards doublent mon effroi,
Mais je dois prendre la défense
D'un bien qui n'appartient qu'à moi.

LA COMTESSE.

Et pour quelle raison, mon ami, renvoyez-vous ce pauvre garçon ?

LE COMTE.

Pour des raisons... des raisons très-graves... que je ne puis pas vous dire. Mais Germain me comprend fort bien.

GERMAIN.

Moi, monsieur ? je puis vous assurer que j'ignore... et je vous atteste, madame la comtesse...

LA COMTESSE, bas à Denise et à Germain.

C'est bon... vous savez que jamais il ne se met en colère, et demain il sera calmé. Retirez-vous tous deux. (Au comte.) Vous leur permettez bien, au moins, de passer cette nuit au château ?

LE COMTE.

Quoi ! vous voulez...

LA COMTESSE.

Vous ne me refuserez pas cela. Allons, mes enfants, à demain ! (A Denise.) Vous savez quelle est la chambre qu'on vous destine ?

DENISE, pleurant.

Oui, madame, nous y allons; viens, Germain.

LE COMTE, vivement.

Comment! madame, vous souffrirez!... Vous les laisserez partir!

LA COMTESSE.

Ce n'est pas moi, c'est vous qui en êtes la cause.

DENISE.

Oui, c'est vous qui serez la cause de tout ce qui va arriver.

LE COMTE.

Ah! c'en est trop. Eh bien! puisqu'il faut vous le dire, apprenez donc qu'ils ne sont pas mariés.

LA COMTESSE.

Ils ne sont pas mariés?

LE COMTE.

Non, madame; laissez-les s'en aller maintenant.

DENISE.

Eh bien! qu'est-ce qu'il dit donc? il ne sait donc pas...

(Germain lui fait signe de se taire.)

LA COMTESSE.

Comment! cette petite fille, qui avait un air si doux, si ingénu!...

LE COMTE.

Je venais de découvrir que ce maraud-là nous avait trompés; voilà les griefs que j'avais contre lui, et dont je ne voulais pas vous parler... sans cela, vous sentez bien que je ne l'aurais jamais renvoyé. Cette petite était charmante, et vous convenait beaucoup. Moi, je tenais à Germain; mais après ce qui s'est passé, nous ne pouvons tolérer...

GERMAIN.

Comment! monsieur, il n'y a pas d'autres raisons?... eh bien! rassurez-vous, la morale est satisfaite, car je puis heureusement vous prouver que Denise est ma femme.

LE COMTE.

Oui, encore une histoire!

GERMAIN.

Oh! monsieur, celle-là est authentique, (Tirant le contrat de sa poche.) car elle est par-devant notaires. Lisez plutôt.
(Il le lui donne.)

LE COMTE, parcourant le contrat.

Que vois-je? « Par-devant Martin et son confrère, sont « comparus Marie-Armand-Constant Germain... »

GERMAIN.

Mes noms et qualités.

LE COMTE, lisant toujours.

« Intendant de M. le comte Edmond de Gerville... » (Le regardant.) Ah! vous êtes intendant?... « et Angelique-Denise Gervais. » (Regardant à la fin de l'acte.) Suivent leurs signatures et celles des témoins. Ah çà! est-ce que, par hasard, tu aurais dit une fois la vérité?

GERMAIN.

Il y a commencement à tout, monseigneur. (Bas.) Vous voyez donc que je n'allais pas sur vos brisées, et que c'est vous, au contraire, qui alliez sur les miennes.

LE COMTE, le repoussant loin de la comtesse.

Chut! chut donc! (En riant à demi-voix.) Au fait, ce pauvre Germain devait faire une triste figure tantôt, la serviette sous le bras... Ah! ah! ah!

GERMAIN, haut.

Oui, monseigneur, je n'attendais qu'un moment favorable... je n'avais pris sur moi cet acte que pour prier monsieur le comte et madame la comtesse de me faire l'honneur de signer au contrat.

LE COMTE.

J'entends... afin de ratifier ta nomination à cette place d'intendant que tu t'es donnée?

LA COMTESSE.
Vous la lui aviez promise.

LE COMTE.
En effet, c'est une place qui convient à un homme marié, (Regardant Denise.) et puisque sa femme et lui vont habiter le château... qu'est-ce que je demandais, moi? que les convenances fussent respectées; allons, que Germain reste près de moi, Denise auprès de vous, et qu'il y ait dans le monde un bon ménage de plus.

DENISE.
Ah çà! cette fois-ci, est-ce pour tout de bon?

GERMAIN.
Oui, madame Germain.

CHŒUR FINAL.

Plus de chagrins, plus de nuages,
Pour nous luit un destin nouveau;
Des bons époux, des bons ménages,
Offrons toujours l'heureux tableau!

TABLE

	Pages.
La Chambre a coucher ou Une demi-heure de Richelieu.	1
La Meunière.	41
Le Paradis de Mahomet ou la Pluralité des Femmes.	83
La Petite Lampe merveilleuse.	157
Leicester ou le Chateau de Kenilworth	199
Le Valet de chambre.	275

Imprimerie. — Paul Dupont, rue du Bac-d'Asnières, 12.(715, 7-7.)

www.ingramcontent.com/pod-product-compliance
Lightning Source LLC
Chambersburg PA
CBHW060404170426
43199CB00013B/1989